Geldanlage

Einfache Strategien
für Ihre Finanzplanung

Immer aktuell

Wir informieren Sie über wichtige Aktualisierungen zu diesem Ratgeber. Wenn sich zum Beispiel die Rechtslage ändert, neue Gesetze oder Verordnungen in Kraft treten, erfahren Sie das unter www.vz ratgeber.de/aktualisierungsservice

Geldanlage

Einfache Strategien für Ihre Finanzplanung

THOMAS HAMMER

verbraucherzentrale

Basiswissen Geldanlage 15

43 Passende Anlageprodukte für eiserne Reserve

Inhalt

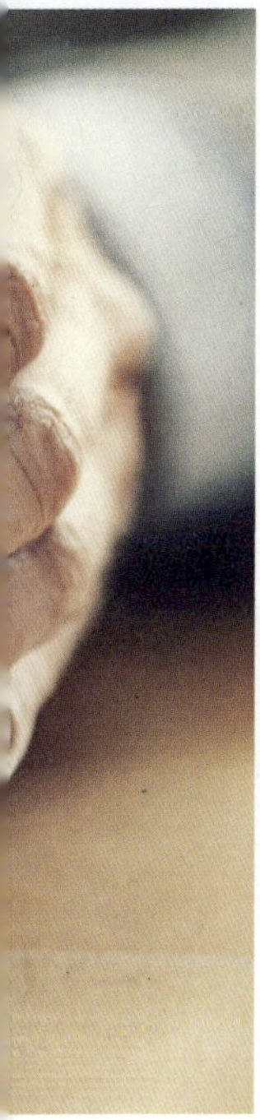

59 Sparen auf die eigenen vier Wände

71 Altersvorsorge mit staatlicher Förderung

91 Freier Vermögensaufbau

→

123 Nachhaltige Geldanlagen

V509583148
137 Nachteilige Anlageprodukte

151 Richtig vergleichen und Kosten minimieren

173
Bewertung und Optimierung bestehender Geldanlagen

185
Haftung und Transparenz
100 EURO

Aus unserer Beratungspraxis

Die wichtigsten Fragen und Antworten

→ Jährlich beantworten wir in unseren bundesweit rund 200 Beratungsstellen Hunderttausende von Fragen und helfen bei der Lösung von Problemen, die Verbraucherinnen und Verbraucher an uns herantragen. Aus dieser täglichen Praxis wissen wir am besten, wo der Schuh drückt und wie konkrete Unterstützung aussehen muss.

Diese Erfahrungen sind Grundlage unserer Ratgeber: mit präzisen, verbraucherorientierten Informationen, zahlreichen Tipps und Hintergrundinformationen zum besseren Verständnis.

Sollte für eine individuelle Frage weiterer Besprechungsbedarf bestehen, hilft unsere Beratung weiter. Eine Übersicht über unser umfassendes Angebot finden Sie unter: **www.verbraucherzentrale.de**

Profitieren Sie von unserer Beratungskompetenz!

Ist mein Geld bei einer Bankenpleite sicher?

Das kommt auf die Produktart an. Für Sicht- und Spareinlagen greift die Einlagensicherung. Pro Anleger sind bis zu 100.000 Euro gesichert. Das umfasst außer dem Girokonto auch Kreditkartenguthaben, Sparpläne und Tages- und Festgelder.
Dieser Schutz gilt für Einlagen bei Banken mit Hauptsitz in der Europäischen Union. Darüber hinaus gibt es in Deutschland noch zusätzliche freiwillige Sicherungssysteme, über die weit höhere Beträge abgesichert sind, je nach Institutsart jedoch sehr unterschiedlich. Bei keinem der freiwilligen Sicherungssysteme besteht ein Rechtsanspruch.
Wie die gesetzliche Einlagensicherung genau gestaltet ist, kommt auf das Land an. Daher ist es für Anleger wichtig, auch auf die Finanzstärke des Staats zu achten, in dem die Bank ihren Hauptsitz hat.
Bei Kapitalversicherungen und Bausparverträgen bestehen eigene Sicherungssysteme. Bei Fonds gibt es lediglich einen Insolvenzschutz.
→ Seite 18

Wie unterscheiden sich eigentlich Tagesgeldkonto und Geldmarktfonds voneinander?

Bei beiden Produktarten können Einmalbeiträge investiert oder auch regelmäßige Sparraten angelegt werden. Der Gegenwert ist kurzfristig verfügbar. Kündigungsfristen bestehen nicht.
Ein Tagesgeldkonto ist ein einlagengesichertes Sparprodukt. Das Guthaben wird mit einem variablen Zins verzinst. Ein Tagesgeldkonto ist in der Regel kostenfrei. Das Guthaben bei einem Geldmarktfonds unterliegt nicht der Einlagensicherung, aber es besteht Insolvenzschutz. Das Fondsvermögen ist in sehr kurzlaufenden verzinslichen Wertpapieren investiert, die im Kurs schwanken. Das beeinflusst auch den Gegenwert eines Geldmarktfonds zumindest in geringem Umfang. Darüber hinaus weisen Geldmarktfonds laufende Verwaltungskosten auf, mitunter ist auch noch ein Ausgabeaufschlag beim Kauf zu beachten. Hinzu kommt gegebenenfalls auch noch ein jährliches Entgelt für die Depotführung. Es gibt bei beiden Produktarten je nach Anbieter erhebliche Unterschiede. Vergleichen lohnt sich!
→ Seite 45 und 115

Wie kann ich für meine Anlage mindestens einen Inflationsausgleich erreichen?

Bei Zinsanlagen ist ein Kaufkraftverlust nur zu vermeiden, indem man einen Zinssatz vereinbart, der wenigstens die Höhe des Inflationssatzes erreicht. Bei steigender Inflation ist das oft nur zu schaffen, wenn die Sparanlage einen variablen oder per se steigenden Zins vorsieht. Bei einem Produkt mit festem Zins und fester Laufzeit können Anleger nur reagieren, wenn die zwischenzeitliche Kündigung gestattet ist und das Geld dann in höher verzinste Anlagen umgeschichtet wird. Achten Sie also bei der Auswahl bereits auf Flexibilität und vergleichen Sie regelmäßig die Zins- und die Inflationsentwicklung.
Wenn Sie Zinsanlagen mit risikobehafteten und chancenreicheren Geldanlagen wie Aktienfonds mischen, können Sie im Durchschnitt eine höhere Rendite erreichen, die die Inflation ausgleicht.

→ Seite 142

Kann ich vermögenswirksame Leistungen nur in einem Bausparvertrag anlegen?

Es gibt diverse Anlagemöglichkeiten für vermögenswirksame Leistungen (vL). Der Bausparvertrag ist insbesondere auf Anbieterseite beliebt, für den Anleger aber leider mit hohen Abschlusskosten verbunden. Ein Bausparvertrag ist dann in Erwägung zu ziehen, wenn ohnehin ein Immobilienerwerb in den nächsten drei bis fünf Jahren geplant ist. Ein Bausparvertrag als reine Geldanlage ist, wenn überhaupt, nur in Zeiten hoher Zinsen überlegenswert.
Alternative Anlageformen für vL sind: Banksparplan, Fondssparen, Entschuldung der eigenen Immobilie, Versicherung, Beteiligungen und Belegschaftsaktien. Als Sonderform können die altersvorsorgewirksamen Leistungen in Riester-Verträge und in die betriebliche Altersvorsorge investiert werden.
Sofern gewisse Einkommensgrenzen eingehalten werden, sind für vorgegebene Produktarten auch noch staatliche Förderungen in Form der Arbeitnehmersparzulage und Wohnungsbauprämie möglich.

→ Seite 180

Ich habe in den Medien etwas von ETFs gehört. Was ist das genau?

Bei Exchange Traded Funds (ETF) handelt es sich um passiv gemanagte Fonds. Im Gegensatz zu den deutlich bekannteren aktiv gemanagten Fonds weisen sie erheblich geringere laufende Verwaltungskosten auf. Auf lange Sicht kann dies zu einem erheblichen Renditevorsprung führen. Ein ETF bildet die Wertentwicklung eines Marktindexes annähernd ab. Basis können Indizes auf Aktien, auf verzinsliche Wertpapiere, aber auch auf Rohstoffe oder Edelmetalle sein. Das Angebot ist sehr vielfältig. ETFs werden wie Aktien gehandelt und können bei jeder Bank erworben werden. Einige Banken bieten ETF-Sparpläne an. Es handelt sich um eine bequeme und kostengünstige, sehr flexible Anlageform. Dies Anlage ist vor allem für informierte Kunden geeignet. Zunächst müssen Sie entscheiden, an welchem Markt Sie teilhaben wollen. Entsprechend wählen Sie den Index. Bei dem einzelnen ETF müssen dann noch technische Aspekte unterschieden werden: Soll der Fonds ausschüttend oder thesaurierend sein und welche Art der Indexnachbildung bevorzugen Sie?

→ Seite 166

Meine Bank schlägt mir den Abschluss einer Indexpolice vor. Was genau muss ich mir darunter vorstellen?

Eine Indexpolice ist ein Versicherungsprodukt, bei dem Überschüsse so angelegt werden, dass der Kunde an der Wertentwicklung eines Börsenindexes beteiligt wird.

Die Produkte sind komplex und intransparent und die Kostenbelastung ist bisweilen erheblich. Garantien können, müssen aber nicht vorgesehen sein. Außerdem hört sich die Indexbeteiligung besser an, als sie ist. Nach oben ist sie begrenzt, Verluste innerhalb eines Jahres werden hingegen voll verrechnet. So kann die Gutschrift pro Jahr deutlich geringer ausfallen als die Rendite des Indexes selbst. Einziger Trost für den Kunden: Im schlimmsten Fall erhält er eine Nullrendite.

Oft ist es geschickter, die Geldanlage selbst in die Hand zu nehmen. Mit einem Mix aus sicheren und chancenreichen Geldanlagen kann man flexibler und kostengünstiger anlegen und hält das Zepter in der Hand. Klingt kompliziert, ist aber bequem und einfach umzusetzen.

→ Seite 140

Ich habe eine Riester-Rentenversicherung. Ist es sinnvoll, daran festzuhalten?

Trotz aller häufig in der Presse zu lesenden Kritik kann sich das Riestern lohnen. Zu prüfen ist zunächst, ob die Förderung attraktiv ist. Es gibt Zulagen für Erwachsene und kindergeldberechtigte Kinder. Mit einem oder mehreren Kindern ist es in den meisten Fällen sinnvoll, zu riestern. Man sollte jedoch kritisch prüfen, ob unbedingt beide Elternteile riestern sollten. Aber auch ohne Kinder kann das Riestern wegen der steuerlichen Erleichterungen durchaus attraktiv sein.
Im zweiten Schritt sollte dann das Produkt unter die Lupe genommen werden. Hier gibt es sehr viele, sehr kostenintensive Verträge. Riester ist nicht gleich Riester. Bei der Auswahl eines neuen Produkts sollte nach den Kriterien Kosten, Risikoneigung und nach Lebensplanung sondiert werden.
Bestehende Produkte gehören immer mal wieder auf den Prüfstand. Riester-Produkte können nämlich gewechselt werden! Sie können daraus auch Geld für die Anschaffung, Entschuldung oder den barrierefreien Umbau einer selbstgenutzten Immobilie entnehmen.

→ Seite 180

Mein Bankberater rät mir immer wieder dazu, Fonds in meinem Depot auszutauschen. Ist das sinnvoll?

Eine bedarfsgerechte Geldanlage ist vor allem auch eine Anlage, die man selbst gut beherrscht. Wenn Sie in Fonds investieren, dann sollten Sie sich dies bewusst machen. Für Wertpapierinvestments ist es unerlässlich, sich ein bestimmtes Grundwissen anzueignen. Regelmäßige Empfehlungen für einen Fondstausch führen leider eher zu Nachteilen, entsprechend der Grundregel: „Viel Hin und Her macht Taschen leer." Jeder Wechsel kostet, das sollten Sie sich bei solchen Empfehlungen immer vor Augen halten. Beim Kauf von aktiv gemanagten Fonds ist ein Ausgabeaufschlag von meist 3 bis 5 Prozent zu entrichten. Diese Kosten schmälern die Rendite. Und das bei jedem Fondswechsel aufs Neue! Wählen Sie also Fonds nach reiflicher Überlegung entsprechend Ihren Kriterien aus und analysieren Sie von Zeit zu Zeit, ob die Fonds noch zu Ihren Zielen passen, prüfen Sie die Kosten und ob die Wertentwicklung mindestens dem Durchschnitt entspricht.

→ Seite 108

Ist es sinnvoll, Sparen und Risikoabsicherung zu kombinieren?

Bequeme Geldanlage ist nicht unbedingt gute Geldanlage. Wichtig ist vor allem Flexibilität. Bei einer Kombination von Altersvorsorge mit einer Berufsunfähigkeitsrente ist der Beitrag im Vergleich zu einer selbstständigen Berufsunfähigkeits-Versicherung erhöht. Kann man sich in einer finanziellen Krise irgendwann die hohe Versicherungsprämie nicht mehr leisten, dann ist es nur selten möglich, allein die Berufsunfähigkeitsversicherung weiterzuführen. Die Versicherung muss beitragsfrei gestellt bzw. gekündigt werden und der wichtige Berufsunfähigkeitsschutz ist dann verloren! Dafür später eine neue Versicherung abzuschließen ist aufgrund des höheren Einstiegsalters teurer, bei schlechterem Gesundheitszustand vielleicht sogar unmöglich. Darüber hinaus muss bei einer Kombination geprüft werden, ob beide Vertragsteile unabhängig voneinander überhaupt attraktiv wären. Gegebenenfalls kauft man einen Vertragsbestandteil mit schlechten Versicherungsbedingungen oder überdurchschnittlichen Kosten mit ein.

→ Seite 173

Ich möchte gern nachhaltig investieren. Muss ich dafür auf Rendite verzichten?

Bei einlagengesicherten Sparprodukten von Alternativbanken gibt es wie bei konventionellen Banken durchaus Zinsunterschiede. Bei der Auswahl sollten Sie auf Nachhaltigkeitskriterien und auf die Zinshöhe achten. Im Vergleich zur Gesamtheit aller Banken sind die Konditionen in der Regel durchaus durchschnittlich. Für reine Renditejäger sind die Konditionen der Alternativbanken in der Regel nicht überzeugend.

Nachhaltige Investmentfonds können durchschnittliche bis überdurchschnittliche Renditen erwirtschaften. Die Sorge, wegen der Nachhaltigkeit auf Rendite verzichten zu müssen, ist bei sorgfältiger Auswahl und regelmäßiger Kontrolle der Wertentwicklung unbegründet.

Vorsicht allerdings bei grünen Beteiligungen und geschlossenen Fonds: Die Werbung spricht das grüne Gewissen an und gleichzeitig wird eine überdurchschnittliche Rendite in Aussicht gestellt. Es handelt sich dabei meist um Produkte des wenig regulierten grauen Kapitalmarkts mit enormen Verlustrisiken!

→ Seite 125

Basiswissen Geldanlage – die ersten Schritte in der Finanzplanung

Bevor Sie sich über einzelne Finanzprodukte informieren, sollten Sie zunächst über die wichtigsten Grundregeln der Geldanlage Bescheid wissen. Sie sollten die Risiken kennen, die mit Anlageprodukten verbunden sind. Und Sie sollten planen, wie viel Geld Sie für welche Zwecke auf die Seite legen möchten.

Die Risiken beim Anlegen

Wer sich mit der Geldanlage befasst, denkt natürlich zunächst einmal an die erhofften Erträge. Doch mindestens ebenso wichtig ist, dass Sie die möglichen Verlustrisiken kennen, bevor Sie sich für ein bestimmtes Finanzprodukt entscheiden. Denn: Ertragschancen und Risiken beeinflussen einander – je höher Ihre Chance auf Gewinn ist, umso größer ist auch das Risiko, das Sie mit Ihrer Kapitalanlage eingehen. Und umgekehrt erkaufen Sie sich ein hohes Maß an Sicherheit mit einer vergleichsweise niedrigen Rendite. Je nach Anlageform können die Risiken in unterschiedlicher Gestalt daherkommen.

Verlustrisiko

Eine große Gefahr, viel Geld loszuwerden, besteht darin, dass man es dem falschen Verwalter anvertraut. Immer wieder tauchen Fälle auf, in denen Geldanleger den schönen Versprechungen unseriöser Anlagevermittler oder -verkäufer vertraut haben und ihr mühsam Erspartes nie mehr wiedersehen. Entweder hat sich die Anlagegesellschaft verspekuliert oder die Verantwortlichen haben sich mit den Kundengeldern in die Südsee abgesetzt. Vorsicht ist vor allem geboten, wenn die Geldanlage bei irgendwelchen Ihnen bisher nicht bekannten Unternehmen erfolgen soll. Solche Firmen bewegen sich oft auf dem sogenannten grauen Kapitalmarkt und unterliegen keinerlei Kontrolle durch die staatlichen Aufsichtsbehörden. Außerdem erfolgt bei diesen Anbietern keine Absicherung Ihrer Einlagen durch die Mitgliedschaft in einem Einlagensicherungsfonds.

Während Sie heutzutage bei Sparprodukten der inländischen Banken und Sparkassen keine Angst mehr zu haben brauchen, dass Ihre Kontoguthaben irgendwann weg sind, müssen Sie sich bei freien Kapitalanlagen außerhalb des Bankenbereichs nach wie vor sehr intensiv mit der Seriosität der Anlagefirma auseinandersetzen.

Nachschussrisiko

Bei besonders riskanten Anlageprodukten laufen Anleger Gefahr, dass sie nicht nur ihr eingesetztes Geld verlieren, sondern unter Umständen noch zu Nachzahlungen verpflichtet werden können. Dieses Risiko besteht in erster Linie bei manchen Spezialformen von Derivaten und Börsentermingeschäften, aber auch bei einigen geschlossenen Fonds am grauen Kapitalmarkt sowie bei Genossenschaftsanteilen.

Kurs- und Zinsänderungsrisiko

Außer den Gefahren, die sich aus einer mangelnden Zuverlässigkeit des Anlageanbieters ergeben können, gibt es auch Risiken, die fest mit bestimmten Anlageformen verbunden sind. Dazu zählen zum Beispiel das Kursrisiko bei Aktien und festverzinslichen Anleihen und das Zinsänderungsrisiko bei einer variablen Verzinsung der Anlage.

Als „Kursrisiko“ wird die Gefahr bezeichnet, dass in schlechten Zeiten bei einem Verkauf der Anlagepapiere größere Einbußen gegenüber dem ursprünglichen Ankaufskurs anfallen können – die Opfer der Finanzkrise, die Mitte 2007 über die weltweiten Kapitalmärkte hereinbrach, können ein Lied davon singen. Bei manchen Banken- und Versicherungsaktien mussten die Aktionäre über 90 Prozent des ursprünglichen Kaufpreises in den Wind schreiben. In deutlich geringerem Umfang können jedoch auch bei festverzinslichen Wertpapieren mit bester Bonität Kursverluste auftreten, wenn das Marktzinsniveau steigt.

Das Zinsänderungsrisiko umfasst dagegen nur die Höhe des Ertrags aus der Geldanlage. Die Substanz Ihres Ersparten ist dabei anders als beim Kursrisiko nicht gefährdet. Davon betroffen sind typischerweise Anlageformen mit variabler Verzinsung, die in regelmäßigen Abständen an den Marktzins angepasst wird, wie beispielsweise Tagesgeldkonten.

Währungsrisiko

Nicht zu unterschätzen sind Währungsrisiken, die immer dann ins Spiel kommen, wenn Sie eine Geldanlage in einer anderen Währung tätigen. Fällt nach dem Abschluss einer solchen Anlage der Kurs der Fremdwährung gegenüber dem Euro, bekommen Sie zwar unter Umständen den vollen Anlagebetrag in Fremdwährung zurück, beim Umtausch in Euro müssen Sie dann aber Einbußen hinnehmen.

Inflationsrisiko

Anlagen, die nicht in Sachwerten wie Immobilien, Aktienbeteiligungen oder Gold erfolgen, sind einem allgemeinen wirtschaftlichen Risiko ausgesetzt, nämlich der Verringerung des Geldwerts, der Inflation. Durch diese – in der Bundesrepublik derzeit glücklicherweise nur geringe – Geldentwertung nimmt die mit Ihrem ursprünglichen Anlagebetrag verbundene Kaufkraft kontinuierlich ab. Das bedeutet: Sie können mit einem einmal festgelegten Geldbetrag bei dessen Rückzahlung weniger an Sachwerten erwerben als zum Festlegungszeitpunkt. Deutlich wird dieser Effekt durch ständig steigende Preise in allen Lebensbereichen. Aufgefangen werden kann das Inflationsrisiko durch eine gute Anlageverzinsung, die den Kaufkraftverlust zumindest aufwiegen, möglichst aber übersteigen sollte.

ACHTUNG

Fragwürdige Empfehlungen

Als Gegenstrategie zur Inflation wird oft die Umschichtung in Sachwerte wie Aktien oder Immobilien empfohlen. Allerdings besteht die Gefahr, dass aufgrund einer ungünstigen Marktentwicklung der Wert zum Beispiel eines Hauses oder von Unternehmensanteilen in Form von Aktien sinkt und somit ebenfalls Verluste eintreten.

Die Einlagensicherung der Banken und Bausparkassen

Zu den besonders risikoarmen Anlageformen zählen Guthaben bei inländischen Banken und Sparkassen. Dort sind die Guthaben von privaten Anlegern durch die Einlagensicherung geschützt, wenn das Geldinstitut in eine finanzielle Schieflage gerät oder gar Insolvenz anmelden müsste. Gemäß Einlagensicherungsgesetz sind in Deutschland 100.000 Euro pro Anleger abgesichert. Der Schutz gilt für alle Konten des Anlegers bei seiner Bank – also alle einlagengesicherten Produkte pro Institut. Auch wenn er seine Anlagen auf fünf Konten bei einer Bank verteilt hat, steht ihm nur ein Schutz von 100.000 Euro zu. Für ein Ehepaar mit gemeinsamen Konten, also für zwei Anleger, besteht Schutz in Höhe von 200.000 Euro. Dazu kommen bei den meisten Banken in Deutschland weitere Sicherungseinrichtungen.

Bei den Sparkassen und Genossenschaftsbanken schützen institutssichernde Einrichtungen die angeschlossenen Institute vor einer Pleite. Bei den Sparkassen wird dieser Schutz über die regionalen Sparkassen- und Giroverbände gewährleistet. Für Genossenschaftsbanken übernimmt diese Aufgabe der Bundesverband der deutschen Volks- und Raiffeisenbanken. Es besteht ähnlich wie bei den Sparkassen ein Haftungsverbund, bei dem die einzelnen Institute einander unter die Arme greifen, um die Zahlungsfähigkeit zu gewährleisten. Beim Schutz über die institutssichernden Einrichtungen gibt es keine Begrenzung des Betrags.

§ GESETZLICHE GRUNDLAGEN

Was die Einlagensicherung abdeckt und was nicht

Abgedeckt von der Einlagensicherung sind Kontoguthaben, die sich beispielsweise auf Giro-, Tagesgeld-, Spar- oder Festgeldkonten befinden. Auch sogenannte Namensschuldverschreibungen, zu denen hauptsächlich Sparbriefe zählen, werden über die jeweiligen Feuerwehrfonds gesichert. Trotz entsprechender Institutszugehörigkeit gibt es hingegen keine Einlagensicherung für Anleihen, Anlagezertifikate, Genussscheine und Inhaberschuldverschreibungen. Ausnahme: Inhaberschuldverschreibungen, die von Sparkassen und Genossenschaftsbanken selbst herausgegeben werden, sind faktisch ebenfalls geschützt, weil die Sicherungseinrichtungen dieser Institute im Bedarfsfall so eingreifen sollen, dass eine Insolvenz vermieden wird.

Bei den privaten Banken (Deutsche Bank, Commerzbank etc.) besteht ein über das gesetzliche Mindestmaß hinausgehender Schutz über den freiwilligen Einlagensicherungsfonds beim Bundesverband deutscher Banken (BdB). Pro Kunde sind 20 Prozent des haftenden Eigenkapitals der Bank abgesichert – das ist schon bei kleineren Banken ein Millionenbetrag. Bis zum Jahr 2025 soll das Limit schrittweise auf 8,75 Prozent des Eigenkapitals abgesenkt werden.

→ **TIPP Setzen Sie auf sichere Länder!**
Wenn Sie Geld bei einer im EU-Ausland ansässigen Bank anlegen, sollten Sie bedenken: Die Einlagensicherung ist nur so zahlungskräftig wie der Staat, der letztlich als Garantiegeber dahintersteht. Daher sollten Sie Banken aus EU-Ländern mit hoher Bonität bevorzugen. Dazu zählen beispielsweise die Niederlande, Schweden, Luxemburg und Dänemark.

Auch für Bausparer gibt es hierzulande eine umfassende Einlagensicherung. Je nach Anbieter sind verschiedene Sicherungseinrichtungen zuständig. Die Bausparkasse Schwäbisch Hall beispielsweise gehört der Einlagensicherung des genossenschaftlichen Bankenverbands an, die Landesbausparkassen sind an das Sicherungssystem des Deutschen Sparkassen- und Giroverbands angeschlossen. Für Kunden privater Bausparkassen gilt die gesetzliche Einlagensicherung.

Allerdings umfasst die Einlagensicherung nach deutschem Recht nur Banken, die ihren Hauptsitz in Deutschland haben. Eröffnet eine ausländische Bank eine juristisch unselbstständige Niederlassung in Deutschland, gilt die Einlagensicherung des Staats, in dem die Bank beheimatet ist. Ist das Land Mitglied der EU, gilt wie in Deutschland eine Einlagensicherung von 100.000 Euro pro Anleger.

Das Sparziel und die Sicherheit

Ob Sie eine sichere Anlageform bevorzugen sollten oder auf rentablere, jedoch auch risikoreichere Anlagen setzen können, hängt maßgeblich vom Einsatzzweck des Gelds ab. Je nach gewähltem Sparziel kommen sichere oder auch mal risikoreichere Finanzprodukte infrage. Worauf Sie bei der Auswahl einzelner Anlageangebote im Detail achten sollten, lesen Sie in den folgenden Kapiteln.

Kurzfristige Liquiditätsbildung

Ihre Waschmaschine hat den Geist aufgegeben, beim Auto wird eine größere Reparatur fällig oder Sie wollen sich einfach einmal einen Spontanurlaub leisten – all dies sind Fälle, in denen Sie auf eine kurzfristig verfügbare eiserne Reserve zurückgreifen müssen.

→ **TIPP Unbedingt Polster aufbauen**
Ein finanzielles Polster sollte in jedem Haushalt vorhanden sein. Wie komfortabel dieses ausfällt, hängt von Ihren finanziellen Möglichkeiten und Ansprüchen ab. Finanzexperten empfehlen, dass etwa drei bis sechs Nettomonatsgehälter kurzfristig verfügbar auf der hohen Kante liegen sollten.

Entscheidend bei der Auswahl der passenden Anlageform sind die Kriterien Sicherheit und Verfügbarkeit. Keinesfalls sollte diese Reserve den Schwankungen der Börse oder anderen Verlustrisiken ausgesetzt werden. Außerdem sollten die Kündigungsmodalitäten so gestaltet sein, dass Sie im Notfall praktisch von heute auf morgen an Ihr Geld kommen. Wenn es eine Kündigungsfrist gibt, sollte diese nicht mehr als drei Monate betragen, um lange und teure Zwischenfinanzierungen über den Dispokredit zu vermeiden.

Damit sind die geeigneten Anlageformen schon programmiert. Infrage kommen Tagesgelder, kurzfristig verfügbare Fest- und Termingelder und Sparbücher mit dreimonatiger Kündigungsfrist, sofern der Zins zumindest nicht niedriger als bei einem Tagesgeld ist.

Sparen auf Anschaffungen

Dabei geht es um die Bildung von Kapital, das erst in ein paar Jahren flüssig gemacht werden soll – beispielsweise für den Kauf eines neuen Autos oder eine neue Wohnzimmereinrichtung. Hier ist die Sicherheit der wichtige Aspekt, während die Liquidität eher untergeordnet ist. Wichtig ist, dass der angesparte Betrag mit einem möglichst ordentlichen Gewinn zum anvisierten Zeitpunkt zur Verfügung stehen kann. Zu diesem Zweck bieten sich die Ratensparpläne der Banken an. Sie sind einfach zu handhaben und weisen meist eine bessere Verzinsung auf als Tagesgeldkonten. Wenn Sie Geld in Form einer Einmalanlage für eine

mittelfristig geplante größere Ausgabe auf die Seite legen wollen, können Sie Sparbriefe, Festgeldkonten oder Sparverträge mit wachsendem Zins in Betracht ziehen.

Unbefristetes Sparen zur Vorsorge und Vermögensbildung

Für das langfristige regelmäßige Sparen sollten Sie sich darüber klar werden, ob der Schwerpunkt auf der Vorsorge oder auf der Vermögensbildung liegen soll.

Bei der Vorsorge ist das Ziel Ihrer Sparaktivitäten, Kapital anzusparen, auf dessen Erträge und Substanz Sie im Rentenalter zurückgreifen. Weil dieser Zweck schon von vornherein festgelegt ist, sollten Sie dafür auch beim langfristigen Sparen Ihr Risiko begrenzen – denn sonst könnte bei einer schlechten Entwicklung der Anlage Ihr Lebensstandard im Rentenalter gefährdet sein. Überdies können Sie beim Vorsorgesparen staatliche Zuschüsse und Vergünstigungen für das Riester- oder Rürup-Sparen und die betriebliche Altersvorsorge in Anspruch nehmen.

Mehr Freiraum haben Sie bei der Vermögensbildung. Hier wird das angelegte Geld langfristig und ohne bestimmtes Anlageziel auf die hohe Kante gelegt. Es muss nicht zu einem bestimmten Zeitpunkt verfügbar sein, und die daraus erzielten Erträge sind nicht von vornherein verplant. Je nach persönlicher Neigung können Sie in diesem Bereich auch Anlageformen mit größerem Schwankungsrisiko wie beispielsweise Investmentfonds in Ihr Anlagekonzept einbeziehen.

Ihre Lebenslage und die Sicherheit

Schon aus den Sparzielen ergeben sich wichtige Hinweise auf die Frage, mit wie viel Risiko eine Geldanlage behaftet sein darf. Wenn das Geld nur kurzfristig angelegt werden soll oder zu einem ganz bestimmten Termin benötigt wird, sollten Sie ganz klar schwankungsarme und sichere Anlageformen bevorzugen. Wenn es jedoch darum geht, wie Sie Sicherheit und Risiko bei der Geldanlage gewichten sollten, spielen weitere Faktoren eine große Rolle:

→ **Lebensalter:** Wer als 25-Jähriger mit dem Vermögensaufbau beginnt, hat eine viel längere Sparphase vor sich als derjenige, der erst mit 50 Jahren an die Aufbesserung der Rente denkt. Junge Sparer können aufgrund des längeren Anlagehorizonts ein höheres Schwankungsrisiko eingehen.

→ **Eigenheim:** Wenn Sie in den eigenen vier Wänden wohnen und dafür noch ein Darlehen zurückzahlen müssen, sollten Sie dem Schuldenabbau unbedingt Vorrang einräumen. Ein „Weniger“ an Schulden bedeutet immer ein „Mehr“ an Sicherheit – denn falls die Kreditzinsen steigen, kann bei einem hohen Schuldenstand die Zinslast regelrecht explodieren. Wenn der Kauf oder Bau eines Eigenheims erst geplant ist, kommt es darauf an, ob dies in naher oder ferner Zukunft geschehen soll. Wollen Sie schon bald ins Eigenheim einziehen, sollten Sie das dafür eingeplante Eigenkapital vor Schwankungen an den Aktienbörsen schützen.

- **Einkommensreserven:** Je höher das Einkommen ist, desto mehr Geld steht auch für den Vermögensaufbau zur Verfügung. Weil kurzfristige Wertschwankungen dann nicht gleich die finanzielle Existenz gefährden, kann man bei hohem Einkommen auch ein höheres Anlagerisiko eingehen.
- **Höhe des Gesamtvermögens:** Je größer das bereits angesammelte Vermögen ist, desto höher ist auch der Anteil, der für risikoreichere Anlageformen zur Verfügung stehen kann. Beispiel: Wenn 10.000 Euro sicher und flexibel als eiserne Reserve dienen sollen, entspricht dies bei einem Gesamtvermögen von 30.000 Euro einem sicherheitsorientierten Anteil von 33 Prozent. Beträgt die Höhe des Gesamtvermögens jedoch 80.000 Euro, umfasst die eiserne Reserve nur noch einen Anteil von 12,5 Prozent.
- **Familiäre Situation:** Singles oder kinderlose Doppelverdiener brauchen bei ihrer finanziellen Planung nur die eigenen Wünsche zu berücksichtigen. Wenn jedoch Kinder vorhanden sind, muss auch deren Lebensplanung in die eigene Anlagestrategie einfließen. Die finanzielle Analyse beginnt dann schon mit dem Verdienstausfall eines Ehepartners in den ersten Jahren nach der Geburt und zieht sich bis zu den erhöhten Ausgaben für Führerschein, Ausbildung oder Studium. Familien mit Kindern tun daher gut daran, mehr Sicherheitspolster und Reserven einzukalkulieren als Kinderlose.
- **Persönliche Risikobereitschaft:** Zu den „harten" und kalkulierbaren Faktoren kommt noch ein „weicher" Faktor hinzu, der durch Ihren Charakter bedingt ist. Es gibt viele Menschen, die trotz hohen Einkommens und solider Finanzreserven ausschließlich auf sichere Anlageformen setzen. Sie nehmen lieber eine geringere Rendite in Kauf, als dass sie einen Teil ihres Vermögens dem Auf und Ab an der Börse aussetzen.

Wenn Sie sich mit solch einer Strategie wohler fühlen, können Sie guten Gewissens den Anteil an Aktienfonds oder Aktien niedriger ansetzen – schließlich kann Sie niemand zwingen, wegen zusätzlicher Renditechancen schlaflose Nächte zu verbringen!

Ihr persönliches Risikoprofil

	MÖGLICHES ANLAGERISIKO			
EINFLUSSFAKTOREN	HOCH	MITTEL	NIEDRIG	KEINS
Lebensalter	30	40	50	65
Eigenheim	nicht geplant oder schuldenfrei	langfristig geplant	kurzfristig geplant	vorhanden und nicht schuldenfrei
Einkommen	sehr hoch	hoch	mittel	niedrig
Vermögen	hoch	mittel	niedrig	Schulden
Kinder	nein			ja
Risikobereitschaft	hoch	mittel	niedrig	keine

Nun können Sie Ihr eigenes Risikoprofil erstellen. Die Tabelle oben ist ein Hilfsmittel, mit dem sich die einzelnen Risikofaktoren bildlich darstellen lassen. Setzen Sie einen Punkt in den Kasten, der auf Sie zutrifft. Je weiter links die Mehrzahl der Punkte sitzt, desto eher können schwankungsstärkere Anlageformen eingesetzt werden. Befindet sich der Schwerpunkt eher auf der rechten Seite, liegt der Anlageschwerpunkt eher auf risikoarmen Anlageprodukten.

! ACHTUNG

Meiden Sie „Klumpenrisiken“

Auch wenn die Risikofaktoren darauf hindeuten, dass bei der Geldanlage größere Schwankungen verkraftet werden können, gilt immer noch diese Investmentweisheit: Bei der Anlage sollten zu große Einzelrisiken vermieden und das Vermögen sollte möglichst breit gestreut werden.

Beratung: Gratis ist nicht kostenlos

Banken und Finanzvertriebe werben gern mit der Botschaft, dass sie ihre Kunden kostenlos und unabhängig beraten würden. Doch Werbung und Wirklichkeit sind oft zwei Welten, die wenig miteinander zu tun haben. Die Beratung lohnt sich für den Finanzanbieter oder die Bank nur dann, wenn der Kunde am Ende eine Anlage abschließt – anderenfalls wäre das Gespräch nicht nur für den Kunden gratis, sondern für den Anbieter auch vergeblich gewesen.

Bei den Banken und Sparkassen klingelt nicht nur die Kasse, wenn der Kunde einen hauseigenen Sparbrief erwirbt oder ein Anlagekonto eröffnet und damit dem Institut zu niedrigen Zinsen Geld leiht, das die Bank wiederum mit einem kräftigen Aufschlag an ihre Kreditkunden weiterverleihen kann. Auch mit der Vermittlung von Riester-Sparplänen, Versicherungen, Investmentfonds, Bausparverträgen und Beteiligungsmodellen wird ordentlich Geld verdient. Denn: Für jeden Vertrag, den der Kunde bei der Bank abschließt, erhält diese eine Vermittlungsprovision.

Gleiches gilt für Finanzvertriebe, die sich gerne mit dem Attribut „bankenunabhängig" oder „anbieterunabhängig" schmücken. Dies mag zwar formal stimmen, wenn der Vertrieb nicht mit einer Bank oder Versicherung, sondern mit mehreren Anbietern kooperiert.

Kritisch prüfen lohnt sich immer
Markus Feck, Gruppenleiter Finanzen und Versicherungen bei der Verbraucherzentrale NRW, weist darauf hin: „Besonders beliebt sind bei Banken und Finanzvertrieben die unwissenden Kunden, die sich mit Finanzprodukten nicht auskennen und froh sind, wenn ihnen jemand die lästigen Entscheidungen zum Sparen und Vorsorgen abnimmt. Wer die Angebote nicht kritisch prüft und hinterfragt, bekommt am Ende oftmals statt des wirklich passenden Finanzprodukte das angedreht, was dem Anbieter den höchsten Ertrag bringt."

Doch die vermeintliche Unabhängigkeit endet dann, wenn es ans Verkaufen geht: Jeder Finanzvertrieb lebt von den Provisionen, die er für die Vertragsabschlüsse erhält. Auch die „Berater" erhalten oft nur ein geringes Fixgehalt und verdienen erst Geld, wenn der Kunde nach dem Gespräch einen Vertrag unterschreibt.

Damit ist die „kostenlose Beratung" ein Etikettenschwindel: In Wahrheit handelt es sich immer um ein Verkaufsgespräch – und angeboten werden in aller Regel nur Produkte und Lösungen, die dem „Berater" und seinem Arbeitgeber Gewinn bringen.

Selbst wenn Sie sich erst informieren und dann zum Bankberater gehen, müssen Sie darauf achten, dass Ihnen auch wirklich das passende Finanzprodukt angeboten wird.

Daher sollten Sie sich die überschaubare Mühe machen, Ihre Finanzangelegenheiten selbst in die Hand zu nehmen und sich über die Finanzprodukte, die Sie wirklich brauchen, zu informieren. Das ist längst nicht so schwierig, wie viele oft annehmen – denn etliche der Anlageformen, die am Markt offeriert werden, braucht kein Mensch. In diesem Buch finden Sie daher nicht nur Informationen über die notwendigen Produkte, sondern Sie erfahren auch, bei welchen Angeboten Sie aufpassen müssen und welche verlockenden „Anlageschnäppchen" sich am Ende als verlustbringende Flops entpuppen können.

Erfragen Sie vor Abschluss eines Produkts die konkreten Vermittlungsprovisionen und Gesamtkosten, um gegebenenfalls besser abschätzen zu können, ob Ihnen das Produkt angeboten wurde, weil es für Sie bedarfsgerecht ist oder weil es eher um den Verdienst der Gegenseite geht.

Wie viel Provision steckt in welchen Anlageprodukten?

Eine grobe Übersicht über mögliche Provisionen unterschiedlicher Anlageprodukte bietet der Provisionsrechner des Verbraucherzentrale Bundesverbands www.vzbv.de/meldung/provisionsrechner. Nach Beobachtungen der Verbraucherzentralen fallen durchschnittlich folgende Provisionen an. Bitte beachten Sie: Es handelt sich hier lediglich um Schätzungen.

PRODUKT	VERMITTLUNGSPROVISION	BESTANDSPROVISION
Aktienfonds	5,00 %	0,6 % p.a.
Rentenfonds	3,00 %	0,4 % p.a.
Mischfonds	4,00 %	0,5 % p.a.
Offener Immobilienfonds	5,00 %	0,3 % p.a.
Rentenversicherung	4,50 %	
Zertifikat	3,00 %	
Geschlossener Fonds / Beteiligung	10,00 %	
p.a. = pro Jahr		

Unabhängiger Rat gegen Honorar

Bei finanziellen Entscheidungen mit großer Tragweite – etwa bei der Strategieentwicklung für die Altersvorsorge oder bei der Anlage einer größeren Erbschaft – kann es sinnvoll sein, den Rat eines wirklich neutralen Experten einzuholen und dafür ein Honorar zu zahlen. Finanzberater, die auf Honorarbasis arbeiten und keine Provisionen von Produktanbietern annehmen, handeln ausschließlich im Interesse ihrer zahlenden Mandanten. Folglich liegt ihr Hauptinteresse darin, dem Kunden eine möglichst hohe Beratungsqualität zu bieten, statt ihm das gewinnträchtigste Finanzprodukt schmackhaft zu machen.

Finanzberatung auf Honorarbasis bieten die Verbraucherzentralen in vielen Beratungsstellen an. Am besten erkundigen Sie sich bei der Verbraucherzentrale Ihres Bundeslands nach dem Beratungsangebot. Informationen zu den regionalen Beratungsleistungen finden Sie auch im Internet unter www.verbraucherzentrale.de.

Darüber hinaus gibt es freiberuflich tätige Honorarberater. Die Qualität der Beratung hängt stark von der Aus- und Weiterbildung des Beraters ab. Auch die Honorare können je nach Berater und Beratungsanliegen stark variieren. Eine gute Übersicht zu Beratertypen, Vergütungsmodellen und Unabhängigkeit finden Sie unter www.wegweiser-finanzberatung.de

CHECKLISTE

Woran Sie seriöse Berater erkennen

1. **Kein unaufgeforderter Anruf:** Seriöse Finanzanbieter gehen nicht mit unaufgeforderten Telefonanrufen auf Kundenfang. Auch der Hinweis, dass Bekannte oder Freunde von Ihnen schon entsprechende Verträge dort abgeschlossen hätten, sollte nicht als stichhaltiges Argument für Beratungsqualität missverstanden werden – denn oft merken Anleger erst nach Jahren, dass sie in überteuerte und riskante Finanzprodukte investiert haben. Im Übrigen ist es auch kein Beweis für Vertrauenswürdigkeit, wenn der Berater mit den Namen seiner Kunden hausieren geht.
2. **Blick fürs Ganze:** Bevor ein seriöser Berater ein Anlageprodukt empfiehlt, wird er erst Schulden, Liquiditätsreserve, Anschaffungssparen und Altersvorsorge – in dieser Reihenfolge! – unter die Lupe nehmen. Wenn Sie beispielsweise nur über weniger als zwei Monatseinkommen auf dem Tagesgeldkonto verfügen, wird er zunächst einmal dazu raten, die kurzfristige Geldreserve aufzustocken.
3. **Keine Traumrenditen:** Wenn im Beratungsgespräch nur die Renditechancen in den Vordergrund gestellt werden, sollten die Alarmglocken schrillen. Viel wichtiger als die maximale Renditechance ist die sinnvolle Verteilung des Gesamtvermögens auf die passenden Anlagegattungen. Und: Überdurchschnittliche Renditechancen bringen immer auch überdurchschnittliche Verlustrisiken mit sich!
4. **Keine Auslandsgeschäfte:** Für den Bedarf eines durchschnittlichen Anlegers sind die in Deutschland aufgelegten Anlageprodukte vollkommen ausreichend – und schon hier gibt es genug Überflüssiges. Egal ob die angepriesenen Finanzprodukte aus der Schweiz, aus Luxemburg, Liechtenstein oder sonst woher stammen: Die wichtigste Auswirkung für den Anleger besteht darin, dass er im Streitfall die Anbieter nicht vor einem deutschen Gericht verklagen kann.
5. **Kein Zeitdruck:** Wer etwas Seriöses anzubieten hat, lässt dem Interessenten genügend Zeit, damit er das Angebot sorgfältig prüfen und gegebenenfalls neutrale Fachleute darüberschauen lassen kann. →

→

Eine Kapitalanlage, die nur innerhalb einer kurzen Frist abgeschlossen werden kann, braucht kein Mensch.

6. Flexibilität: Die flexible Anpassung der Anlage- und Sparverträge auf sich ändernde Lebenssituationen steht in der seriösen Anlageberatung ganz im Vordergrund. Unflexible Anlageformen wie beispielsweise klassische und fondsgebundene Rentenversicherungen sollten daher – wenn überhaupt – nur in geringem Umfang zum Einsatz kommen.

7. Transparenz: Klar und verständlich erläutert der seriöse Berater seinen Kunden, welche internen und externen Nebenkosten mit dem Produkt verbunden sind, wie die Kündigungsmodalitäten aussehen, welche Risiken der Kunde eingeht und welche realistischen Renditeerwartungen damit verbunden sind. Wenn Sie das alles nicht ganz genau verstehen, sollten Sie den Vertrag nicht abschließen.

So entwickeln Sie die richtige Strategie für Ihre Finanzplanung

Für eine sinnvolle Finanzplanung brauchen Anleger vor allem drei Dinge: Grundkenntnisse über wirtschaftliche Zusammenhänge, Basisinformationen zu den wichtigsten Formen der Geldanlage und eine gute Portion gesunden Menschenverstand.

Um Ihre Finanzplanung auf ein solides Fundament zu stellen, müssen Sie weder Börsenexperte noch Steuerfachmann sein. Natürlich können hoch spezialisierte Profis hier und dort noch ein Quäntchen mehr Rendite herausholen. Aber viel wichtiger als die Renditemaximierung ist das Vermeiden von Kardinalfehlern. Ob beispielsweise Ihr Aktienfonds langfristig im Schnitt 5 oder 7 Prozent Jahresrendite bringt, ist weitaus weniger bedeutsam als die Frage, ob Sie ihn richtigerweise für den langfristigen Vermögensaufbau oder fälschlicherweise für das Ansparen auf Anschaffungen einsetzen.

Dreh- und Angelpunkt bei der Finanzplanung sind die Anlageziele, nämlich:

- die kurzfristige Liquiditätsbildung,
- das Sparen auf Anschaffungen,
- die Kapitalbildung auf das zukünftige Eigenheim,
- das langfristige Sparen für die Altersvorsorge,
- die freie Vermögensbildung.

In diesen Kategorien spielt sich praktisch die gesamte Finanzplanung ab. Allerdings haben nur die wenigsten Anleger so viel Geld, dass sie ihr Guthaben gleichzeitig über *alle* Kategorien hinweg verteilen können. Daher ist es wichtig, zunächst einmal die richtigen Prioritäten zu setzen. Auch das funktioniert denkbar einfach: Gehen Sie gemäß der aufgeführten Anlageziele Schritt für Schritt vor.

Schritt 1: die kurzfristige Liquidität

Zuallererst sollten Sie sich um die kurzfristig verfügbare Geldreserve kümmern. Wie hoch diese ausfallen sollte, hängt von Ihrer persönlichen Situation ab – je nach Anlegertyp sollten dies drei bis sechs Nettomonatsgehälter sein. Familien mit Kindern brauchen beispielsweise mehr Reserven als Singles, da hier die Gefahr ungeplanter Ausgaben deutlich höher ist. Auf diese Weise vermeiden Sie, dass Sie bei größeren Reparaturen oder kurzfristigen Neuanschaffungen gleich einen teuren Dispo- oder Ratenkredit in Anspruch nehmen müssen.

Die zwei wichtigsten Anforderungen an das dazugehörige Anlageprodukt sind Sicherheit und Flexibilität. Die eiserne Reserve sollte auf jeden Fall vor Verlusten geschützt sein, sodass dafür nur Anlagen bei Banken infrage kommen. Auch ist es wichtig, im Bedarfsfall ohne Kündigungsfrist darauf zugreifen zu können. Damit ist das Tagesgeldkonto die passende Anlageform für diesen Einsatzzweck.

Schritt 2: das Sparen auf Anschaffungen

Dann sollten Sie sich überlegen, welche Anschaffungen für die nächsten drei bis fünf Jahre geplant sind. Steht der Kauf eines neuen Autos an? Wollen Sie Ihre alte Küche irgendwann gegen eine neue eintauschen? Für solche Investitionen sollten Sie frühzeitig Eigenkapital bilden. Das spart Ihnen nicht nur Zinsen für Anschaffungskredite, sondern reduziert auch das Risiko, durch hohe Kredite in die Schuldenfalle zu geraten.

Auch hier ist die Sicherheit ein wichtiges Kriterium – schließlich wollen Sie es nicht vom Stand der Börsenkurse abhängig machen, ob Sie sich in ein paar Jahren einen Mittelklasse-Kombi oder nur einen Kleinwagen leisten können. Je nachdem, ob Sie in regelmäßigen Monatsraten sparen oder Einmalanlagen tätigen, können unterschiedliche Anlageprodukte wie Festgeldkonten, Sparbriefe oder Ratensparpläne in Betracht kommen.

Schritt 3: das Sparen aufs Eigenheim

Zunächst einmal ist das Sparen auf die eigenen vier Wände eine Variante des Sparens auf Anschaffungen – allerdings mit dem Unterschied, dass es hier um weitaus größere Geldbeträge geht. Sie können jedoch das selbstgenutzte Eigenheim auch als einen Bestandteil der privaten Altersvorsorge betrachten, wie die Ausführungen zum nächsten Schritt zeigen.

Auch hier gilt die Devise, risikobehaftete Anlageformen zu meiden und auf sichere Anlageformen zu setzen. Neben dem Banksparen kommen für diesen Zweck auch Bausparverträge und Wohn-Riester-Bausparverträge oder Riester-Banksparpläne in Frage.

Schritt 4: die individuelle Altersvorsorge

Erst wenn Sie eine Liquiditätsreserve aufgebaut und Geld für wichtige Anschaffungen auf die Seite gelegt haben, sollten Sie sich um die Ergänzung der gesetzlichen Rente kümmern. Infrage kommen meist entweder die betriebliche Altersvorsorge oder die Riester-Rente, bei der sich dank staatlicher Zulagen Ihr Eigenanteil in Grenzen hält. Meiden sollten Sie hingegen unflexible Sparverträge bei privaten Renten- oder Lebensversicherungen, die Ihnen bei einem finanziellen Engpass drastische Renditeeinbußen durch die Stilllegung bescheren.

Überschneidungen gibt es in diesem Bereich mit dem Sparen auf das Eigenheim – denn auch hier handelt es sich um eine Form der privaten Altersvorsorge, weil Sie im Rentenalter Mietkosten einsparen, wenn Sie im schuldenfreien Eigenheim wohnen. In diesem Fall haben sowohl die Bildung von Eigenkapital als auch der Schuldenabbau Vorrang vor der Bildung von Vorsorgevermögen. Das bedeutet konkret: Investieren Sie freie Finanzmittel lieber in die Schuldentilgung, als parallel zur Rückzahlung des Baudarlehens Geld in einen Vorsorgesparplan einzuzahlen. Riester-Baudarlehen und Entnahmen aus Riester-Sparprodukten für Sondertilgungen eines Baudarlehens bieten Ihnen die Möglichkeit, staatliche Förderungen zu nutzen.

Schritt 5: die freie Vermögensbildung

Bleibt nach all den zuvor genannten Maßnahmen noch Geld übrig, können Sie sich dem freien Vermögensaufbau und der langfristigen Kapitalanlage zuwenden. Dabei sollten Sie berücksichtigen, dass ein Teil davon im Rentenalter wieder in Form sicherer Anlagen für die Erwirtschaftung regelmäßiger Ausschüttungen zur Verfügung stehen sollte. Daher sollten Sie sich auch bei der freien Vermögensbildung nicht Hals über Kopf ins Risiko stürzen, sondern mit zunehmendem Alter verstärkt auf Sicherheit setzen.

Eine sehr pauschale Faustregel besagt: Der Prozentsatz risikoreicher Anlagen wie Aktien oder entsprechender Fonds kann nach der Formel „100 minus Lebensalter" berechnet werden. Für einen 55-jährigen Anleger würde dies bedeuten, dass bei der freien Vermögensbildung – ohne Berücksichtigung von Liquiditätsreserve, Anschaffungs- und Vorsorgesparen – der Aktienanteil bei maximal 45 Prozent liegen sollte. Besser ist es, die mögliche Risikoquote differenzierter zu ermitteln: Sie ist schließlich auch von der Zinshöhe der sicherheitsorientierten Anlage, dem Anlageziel und vom Anlagehorizont abhängig.

BEISPIEL I

Finanzplanung: der Berufseinsteiger

Ein 22-Jähriger hat seine Ausbildung abgeschlossen, den Wehr- oder Zivildienst geleistet und ist nun dabei, sich beruflich zu etablieren. Er verdient 1.400 Euro netto pro Monat und wohnt preiswert in einer Wohngemeinschaft. Nennenswertes Vermögen kann er noch nicht vorweisen, der Erwerb einer Wohnung ist nicht geplant. In etwa zwei bis drei Jahren möchte er einen Gebrauchtwagen kaufen. Mit den vermögenswirksamen Leistungen, die zum größten Teil der Arbeitgeber übernimmt, wird ein Aktienfonds angespart. Für Sparen und Altersvorsorge stehen monatlich 200 Euro zur Verfügung.

→

Weil mit dem Aktienfonds-Sparplan bereits der risikoorientierte Teil der Vermögensbildung abgedeckt ist, sollte sich dieser Sparer nun auf die Finanzierung künftiger Anschaffungen konzentrieren, damit er zum Zeitpunkt des Kaufs nicht teure Kredite aufnehmen muss. Gleichzeitig lohnt es sich jetzt schon, mit der Altersvorsorge zu beginnen.

Daraus ergeben sich die folgenden Sparaktivitäten:

- Rund 64 Euro pro Monat fließen in einen Riester-Vertrag, da sich bei diesem Einkommen für einen Ledigen die maximale Förderung ergibt.
- 135 Euro gehen per Dauerauftrag auf ein gut verzinstes Tagesgeldkonto. Damit wird die eiserne Reserve aufgefüllt und wenn der Kauf eines neuen Autos fällig ist, kann dieses Konto ebenfalls angezapft werden.

BEISPIEL 2

Finanzplanung: die junge Familie im Eigenheim

Eine Familie mit zwei Kindern hat vor Kurzem ein älteres Häuschen erworben und renoviert. Das Ziel ist, möglichst schnell schuldenfrei zu werden. Außerdem soll für die Ausbildung der Kinder frühzeitig vorgesorgt werden. Das Auto ist schon recht betagt, die Familie wird in der nächsten Zeit einen Gebrauchtwagen anschaffen. Außerhalb von Lebenshaltung und Baufinanzierung bleibt noch ein finanzieller Spielraum von 200 Euro pro Monat. Optimal ist es, wenn bereits bei der Baufinanzierung die Option einer möglichst raschen Tilgung einbezogen wird, indem beispielsweise Sondertilgungen bis zu 5.000 Euro pro Jahr vertraglich vereinbart werden. Unter dieser Voraussetzung könnte der Finanzplan wie folgt aussehen:

- Für die Ausbildungsvorsorge und die Finanzierung des nächsten Autos fließen 100 Euro pro Monat in einen Banksparplan.
- 100 Euro monatlich werden auf das Tagesgeldkonto für die eiserne Reserve überwiesen. Wenn der Kontostand 5.000 Euro übersteigt, wird das darüber liegende Guthaben für eine Sondertilgung verwendet.
- 60 Euro pro Jahr werden noch als Mindesteigenbeteiligung in einen Riester-Sparplan eingezahlt, um die staatliche Förderung zu erhalten.

Die fünf Stufen der Finanzplanung
Freier Vermögensaufbau
Geförderte Altersvorsorge
Sparen auf das Eigenheim
Sparen auf Anschaffungen
Liquiditäts-reserve

KURZ UND BÜNDIG

Die sieben Grundregeln der Finanzplanung

1. Flexibel bleiben: Wenn Sie langfristig starre Sparverträge – insbesondere beim Versicherungssparen – abschließen, laufen Sie Gefahr, dass Ihnen in finanziell klammen Zeiten die nötige Flexibilität für die Erhaltung Ihrer Liquiditätsreserve fehlt. Dann müssen Sie entweder die Verträge mit hohen Renditeeinbußen kündigen oder in Kauf nehmen, dass Sie zwar jeden Monat hohe Summen auf einen Versicherungssparvertrag einzahlen, dafür jedoch teure Raten- oder Dispokredite für Anschaffungen aufnehmen müssen. Gegenmittel: Bleiben Sie beim Sparen und Anlegen lieber flexibel und bevorzugen Sie Anlageformen, bei denen Sie Ihre Raten jederzeit ändern oder auf die Sie verlustfrei auch mal vorzeitig zugreifen können.

2. Risiko nach dem Gesamtvermögen bemessen: Je niedriger Ihr Gesamtvermögen ist, umso geringer sollte das Anlagerisiko sein, das Sie eingehen. Wer 10 Millionen Euro besitzt und 5 Millionen verliert, der ärgert sich zwar ewaltig, ist jedoch noch lange nicht ruiniert. Wenn jedoch ein Normalsparer die Hälfte dessen in den Sand setzt, was er für seine Altersvorsorge auf die Seite gelegt hat, kann das den Lebensstandard im Rentenalter empfindlich beeinflussen.

3. Einkommensrisiko berücksichtigen: Je stärker Ihr Einkommen schwankt, umso mehr sollten Sie bei der Kapitalanlage auf Nummer sicher gehen. Ein Beamter mit sicherem Arbeitsplatz und kalkulierbarer Pension kann sich eine Börsenspekulation eher leisten als ein Selbstständiger oder ein Außendienstler, dessen Gehaltssumme von den erzielten Provisionen abhängt.

4. Erst Schulden tilgen: Die Rückzahlung von Schulden hat immer absoluten Vorrang – vor allem bei Dispo- und Ratenkrediten. Kein Anlageprodukt bietet Ihnen bei vollkommener Risikofreiheit eine so hohe Rendite wie der eingesparte Kreditzins!

5. Mehr Kinder, mehr Sicherheit: Ob Anschaffungen oder Zuschüsse für die Ausbildung – wer Kinder hat, muss mit deren Heranwachsen immer wieder größere Beträge investieren. Gut, wenn dann das Geld auf risikoarme und flexible Weise angelegt ist.

6. Konsequent Kosten sparen: Eingesparte Kosten erhöhen die Rendite, ohne zusätzliche Risiken mit sich zu bringen.

→

→

Nutzen Sie ein gebührenfreies Girokonto. Wählen Sie bei Tagesgeld, Festgeld und ähnlichen Anlageformen eine Bank aus, die in den vergangenen Jahren stets überdurchschnittliche Zinsen gezahlt hat und der Einlagensicherung der Privatbanken, Genossenschaftsbanken oder Sparkassen angehört. Kaufen Sie Fondsanteile mit Rabatt auf den Ausgabeaufschlag beim Discountbroker oder an der Börse und lassen Sie diese in einem gebührenfreien Wertpapierdepot verwalten. Und seien Sie sich darüber im Klaren, dass in den Versicherungssparplänen, die Ihnen Mitarbeiter von Banken und Finanzvertrieben anpreisen, meistens Provisionen in Höhe von 1 bis 5 Prozent der gesamten Beitragssumme versteckt sind. Bei einer Versicherung, die 20 Jahre lang mit 100 Euro monatlich bespart wird, beträgt die Abschlussprovision somit bis zu 1.200 Euro!

7. Regelmäßig neu justieren: Im Leben ist nichts so beständig wie der Wandel – das beeinflusst auch die Finanzplanung. Prüfen Sie daher ein Mal pro Jahr, ob Ihre Vermögensstruktur noch zu Ihrem persönlichen Bedarf passt.
Falls ja, führen Sie Ihre Strategie einfach weiter. Falls nein, schichten Sie einen Teil Ihrer Geldanlagen oder Sparpläne entsprechend um.
Auch sollten Sie die Wertentwicklung Ihrer Anlagen verfolgen. Hatten Sie sich zu Beginn Ihrer Anlage vorgenommen, rund 40 Prozent in risikoreiche Aktienfonds und den Rest in Sicherheit zu investieren, so sollten Sie dies jährlich überprüfen. Aus der Gewichtung 40/60 könnte nach einigen Jahren auch 50/50 werden, wenn der Fondsanteil eine deutlich bessere Wertentwicklung aufweist. Wenn Sie dies verfolgen, würden Sie Gewinne abschöpfen – sprich Fondsanteile verkaufen –, um die Verteilung des Gelds wieder Ihrer Risikoneigung anzupassen.

Die Besteuerung von Kapitalerträgen

Wenn die Bürger Geld verdienen, will auch der Fiskus seinen Teil davon abbekommen. Das gilt ebenso bei Erträgen aus Kapitalanlagen. Je nach Art des Anlageprodukts gelten dabei unterschiedliche Regelungen.

Zinserträge, Dividenden und Kursgewinne

Für Erträge aus Zinsen, Dividenden und Kursgewinnen gilt in Deutschland die Abgeltungssteuer. Diese beträgt 25 Prozent plus Solidaritätszuschlag und Kirchensteuer. Allerdings wird die Steuer nur erhoben, wenn Ihre Kapitalerträge höher sind als der Sparerpauschbetrag, der für Ledige bei 801 Euro pro Jahr und für Verheiratete bei 1.602 Euro pro Jahr liegt.

Um den Steuerabzug bei der Auszahlung der Erträge zu vermeiden, können Sie der Bank einen Freistellungsauftrag erteilen. Bis zur Höhe des darin aufgeführten Betrags werden dann die jährlichen Zinsen und Ausschüttungen sowohl aus den bankeigenen Anlageprodukten als auch aus den im Depot befindlichen Wertpapieren von der Besteuerung ausgenommen. Bis zur Höhe des Sparerpauschbetrags können Sie Freistellungsaufträge auf beliebig viele Banken verteilen.

Einen Bestandsschutz gibt es für langjährige Aktieninvestoren: Alle Wertpapiere, die bis Ende 2008 gekauft worden sind, fallen bei der Gewinnbesteuerung unter die alte Gesetzgebung. Wer noch solche Altbestände besitzt, kann den Kursgewinn steuerfrei kassieren, auch wenn die Papiere erst in zehn oder zwanzig Jahren wieder verkauft werden.

Dabei gibt es jedoch auch Sonderfälle. So dürfen bei offenen Immobilienfonds die Veräußerungsgewinne aus Immobiliengeschäften steuerfrei ausgeschüttet werden, wenn die Immobilie mindestens zehn Jahre im Bestand war. Außerdem können Immobilienfonds-Investoren auf Steuervergünstigungen bei Mieteinnahmen hoffen, wenn es sich um Fondsimmobilien handelt, deren Standort sich im Ausland befindet.

Ab 2018 ändern sich jedoch die Regeln für Fondsanleger. Ab dann werden Kursgewinne auch von Altbeständen besteuert, wenn diese veräußert werden. Kurios: Diese Regelung gilt nur für Fondsinvestments, nicht jedoch für die Direktanlage in Aktien – und damit profitieren Aktionäre auch weiterhin von den steuerfreien Kursgewinnen bei bis Ende 2008 erworbenen Einzeltiteln. Fondsanleger können bei einem Verkauf von Altbeständen ab Januar 2018 immerhin einen Freibetrag in Höhe von 100.000 Euro pro Anleger in Anspruch nehmen. Dies dürfte für einen Großteil der privaten Anleger ausreichen, um faktisch die Steuerfreiheit von alten Kursgewinnen wiederherzustellen.

Gleichzeitig wird auch die Besteuerung von Erträgen auf Fondsebene eingeführt. In Deutschland aufgelegte Fonds müssen ab 2018 Steuern in Höhe von 15 Prozent auf deutsche Dividenden, deutsche Mieterträge und Gewinne aus dem Verkauf deutscher Immobilien zahlen. Im Gegenzug werden Fondserträge teilweise von der Abgeltungsteuer befreit, sodass für Besitzer von Aktien- und Rentenfonds unterm Strich keine nennenswerte Mehrbelastung zu erwarten ist. Lediglich bei offenen Immobilienfonds entfällt dann ab diesem Zeitpunkt die Steuerfreiheit von fondsinternen Veräußerungsgewinnen.

Gewinn auf mehrere Jahre verteilen

Markus Feck, Gruppenleiter Finanzen und Versicherungen bei der Verbraucherzentrale NRW, erläutert das sogenannte Zuflussprinzip bei der Besteuerung von Kapitalerträgen: „Die Steuer wird in dem Jahr fällig, in dem Ihnen die Erträge zur Verfügung stehen. Vor diesem Hintergrund kann es überlegenswert sein, etwa beim Verkauf von Fondsanteilen die Auflösung des Guthabens über mehrere Jahre zu strecken, wenn bei der Auszahlung auf einen Schlag die Summe aus Kursgewinnen und weiteren Kapitalerträgen höher ist als der Sparerpauschbetrag."

Kapitallebens- und Privatrentenversicherungen

Eine Sonderstellung genießen private Lebens- oder Rentenversicherungen: Wenn der Sparvertrag mindestens zwölf Jahre lang läuft und die Auszahlung auf einen Schlag ab dem 60. Geburtstag erfolgt, muss nur die Hälfte des Gewinns zum persönlichen Steuersatz versteuert werden. Für seit 2012 abgeschlossene Verträge gilt der 62. Geburtstag als Mindestalter für die begünstigte Auszahlung. Für viele Anleger ist diese Regelung günstiger als die Abgeltungsteuer – vor allem bei der Fälligkeit nach dem Renteneintritt, wenn das Einkommen ohnehin niedriger ist als in der beruflich aktiven Lebensphase.

Erfolgt die Auszahlung in Form einer lebenslangen Leibrente, gilt für diese Einkünfte ebenfalls eine Sonderregelung. Weil ein Teil der Auszahlungen aus dem Kapitalverzehr erfolgt, wird nur der sogenannte Ertragsanteil besteuert, dessen Höhe sich nach dem Alter des Anlegers zum Zeitpunkt der ersten Auszahlungsrate richtet. Beginnt die Zahlung mit 65 Jahren, liegt der Ertragsanteil bei 18 Prozent. Das bedeutet: Bei 1.000 Euro Rente sind nur 180 Euro mit dem persönlichen Steuersatz zu versteuern. Je älter der Anleger zu Beginn des Rentenbezugs, umso geringer ist der Ertragsanteil.

Wurde die Lebensversicherung vor dem 1. Januar 2005 abgeschlossen, gilt für den Vertrag auch weiterhin die Steuerfreiheit bei Auszahlung in einer Summe. Weil Sie in solchen Fällen die Gewinne komplett steuerfrei einstreichen dürfen, sollten Sie solche Altverträge nur in echten Notfällen vorzeitig auflösen, sofern die Versicherung rentierlich ist.

Nachgelagerte Besteuerung beim Vorsorgesparen

Riester-Sparen, betriebliche Altersvorsorge und Rürup-Rente werden in der Ansparphase vom Staat in Form von Zulagen bzw. Steuervorteilen bezuschusst. Allerdings müssen Sie damit rechnen, dass die daraus resultierenden Rentenzahlungen im Ruhestand im Rahmen der sogenannten nachgelagerten Besteuerung zu versteuern sind. Im Überblick:

→ **Riester-Rente.** Zahlungen aus der Riester-Rente zählen im Rentenalter in voller Höhe als steuerpflichtiges Einkommen.

→ **Betriebliche Altersvorsorge.** Bei den Zahlungen aus der Betriebsrente kommt es darauf an, mit welchem Modell das Kapital angespart worden ist. Bei Abschlüssen ab 2005 zählen die Rentenzahlungen in voller Höhe als steuerpflichtiges Einkommen, jedoch können Betriebsrentner bei Zahlungen aus Direktzusage oder Unterstützungskasse von zusätzlichen Freibeträgen profitieren. Eine geringere Steuerbelastung bis hin zur Steuerfreiheit kann bei Vertragsabschlüssen vor 2005 gegeben sein.

→ **Rürup-Rente.** Die Auszahlungen werden im Rentenalter steuerlich wie Einkünfte aus der gesetzlichen Rentenversicherung eingestuft. Damit hängt die Höhe der Steuerbelastung davon ab, zu welchem Zeitpunkt Ihre Altersrente beginnt. Bei Renteneintritt im Jahr 2020 sind 80 Prozent der Renteneinkünfte zu versteuern und ab 2040 müssen Neurentner ihre Einnahmen aus gesetzlicher Rente und Rürup-Rente in voller Höhe mit dem individuellen Steuersatz versteuern.

Passende Anlageprodukte für eiserne Reserve und Sparen auf Anschaffungen

Die erste Maßnahme der Finanzplanung besteht darin, Geld für ungeplante und für zu erwartende Anschaffungen auf die Seite zu legen. Dabei sollten Sie ausschließlich auf sichere und transparente Bankprodukte setzen und Verlustrisiken meiden.

Mit Spar- und Tagesgeldkonten Reserven bilden

Wie schon im Abschnitt zur Finanzplanung erläutert, ist die Bildung einer Geldreserve die erste Maßnahme beim Ordnen der privaten Finanzen. Wenn Sie Glück haben, brauchen Sie dieses Guthaben nicht anzutasten. Doch wenn Hausgeräte den Geist aufgeben oder auf einmal eine große Reparatur am Auto fällig wird, benötigen Sie praktisch von heute auf morgen einen größeren Geldbetrag. Daher sollte die Reserve unbedingt so angelegt sein, dass sie vor Verlusten geschützt ist und im Bedarfsfall ohne zusätzliche Gebühren schnell zur Verfügung steht. Damit kommen zwei Anlageprodukte in Betracht: das Spar- und das Tagesgeldkonto.

Das Sparkonto

Sparkonten wurden früher zumeist in Form eines Sparbuchs geführt. Das Sparbuch stellte die Urkunde dar, in der alle Ein- und Auszahlungen sowie die Zinsgutschriften eingetragen wurden. Heute erfolgt die Kontoführung üblicherweise auf elektronischem Weg und der Kunde erhält zur Bestätigung seiner Transaktionen in regelmäßigen Abstanden einen Kontoauszug. Diese Art der Kontoführung wird auch als „Loseblatt-Sparkonto" bezeichnet. Manche Banken bieten in Verbindung mit dem Sparkonto eine Karte an, die ähnlich wie eine Bankkarte funktioniert. Damit lässt sich an allen Geldautomaten des Kreditinstituts vom Sparkonto Bargeld abheben und zwar täglich. Für Sparkonten mit dreimonatiger Kündigungsfrist gelten allerdings Verfügungsbeschränkungen: 2.000 Euro sind pro Monat ohne Kündigung verfügbar. Wer mehr Geld benötigt, muss entweder mindestens drei Monate vorher den gewünschten Betrag kündigen oder Vorschusszinsen bezahlen. Diese werden für den Betrag berechnet, der über dem Monatslimit liegt, und betragen ein Viertel des Guthabenzinses.

BEISPIEL

So wird der Vorschusszins berechnet

Der Vorschusszins wird bei einer Abhebung von 5.000 Euro, einer dreimonatigen Kündigungsfrist und einem Guthabenzins von 0,5 Prozent wie folgt errechnet: Basis für die Zinsermittlung sind die über dem Monatslimit liegenden 3.000 Euro, ein Viertel des Jahreszinses von 0,5 Prozent und die Kündigungsfrist von drei Monaten. Daraus ergibt sich ein zu zahlender Vorschusszins von 0,94 Euro.

Die Verzinsung erfolgt mit dem Zinssatz für kurzfristige Sparanlagen mit dreimonatiger Kündigungsfrist. Sie ist variabel und kann je nach Kreditinstitut sehr unterschiedlich ausfallen. Allerdings hat sich in den vergangenen Jahren gezeigt, dass Banken und Sparkassen für Sparkonten nur noch minimale Zinsen zahlen und ähnliche Anlageprodukte wie das Tagesgeldkonto weitaus besser verzinst sind. Damit ist das Sparkonto ein Auslaufmodell und lohnt sich nur dann, wenn die Bank einen Zinssatz bietet, der mindestens so hoch ist wie bei einem Tagesgeldkonto.

Das Tagesgeldkonto

Eine moderne Alternative zum Sparbuch sind Tagesgeldkonten, auf die Sie jederzeit Geldbeträge überweisen und von denen Sie diese wieder abrufen können. Vor allem bei Direktbanken und zuweilen auch bei Filialbanken sind attraktive Tagesgeldangebote zu finden. Bei Direktbanken findet die gesamte Geschäftsbeziehung in der Regel telefonisch oder über das Internet per Online-Banking statt. Benötigen Sie einen bestimmten Geldbetrag vom Konto, können Sie diesen über das Online-Banking oder bei manchen Banken auch telefonisch auf das Girokonto überweisen lassen, das Sie bei der Kontoeröffnung als Referenzkonto angegeben haben. Ähnlich wie bei der Online-Abwicklung von Überweisungen ist auch hier die Eingabe von Passwort und Transaktionsnummer (TAN) erforderlich.

Die entscheidenden Vorteile solcher Konten liegen in der uneingeschränkten Verfügbarkeit der Guthabenbeträge sowie in der gegenüber Sparkonten meist wesentlich besseren Verzinsung. Nicht zu verwechseln ist das Tagesgeldkonto mit dem üblicherweise unverzinsten Girokonto. Denn: Vom Tagesgeldkonto können Sie nur Geld auf das hinterlegte Referenzkonto überweisen, nicht jedoch an externe Empfänger. Das Referenzkonto kann im Regelfall bei einer beliebigen Bank geführt werden. Damit stellt es kein Problem dar, wenn Sie beispielsweise Ihr Girokonto bei der örtlichen Filialbank führen und parallel dazu ein Tagesgeldkonto bei einer Direktbank einrichten.

→ **TIPP Kontoeröffnung bei Direktbanken**
Für viele Verbraucher ist die Einrichtung eines Tagesgeldkontos der erste Berührungspunkt mit Direktbanken. Weil diese Geldinstitute keine Filialen unterhalten, befürchtet so mancher bei der Kontoeröffnung einen langwierigen Papierkrieg. Doch die Vorgehensweise ist recht einfach. Zuerst füllen Sie in Ihrem Internetbrowser das Formular der Bank zur Kontoeröffnung aus. Dann erhalten Sie auf dem Postweg die vorbereiteten Formulare, die Sie nur noch unterschreiben und zurückschicken müssen. Die Rücksendung erfolgt in der Regel über das sogenannte Post-Ident-Verfahren. Dabei müssen Sie auf der Postfiliale Ihren Personalausweis vorlegen – mit diesem Verfahren übernimmt die Post die gesetzlich vorgeschriebene Legitimationsprüfung für die Bank. Nach der Kontoeröffnung erhalten Sie ebenfalls mit der Post Ihre Zugangsdaten fürs Onlinebanking. Und dann können Sie loslegen.

Welche Bankprodukte zum Sparen auf Anschaffungen passen

Ob neues Auto, Wohnzimmereinrichtung oder Reparaturen am Eigenheim: In regelmäßigen Abständen stehen größere Anschaffungen an, für die genügend Geld vorhanden sein sollte. Um dies zu gewährleisten, sollten Sie auf Sicht der nächsten drei bis fünf Jahre prüfen, welche Anschaffungen zu tätigen sind und welche Beträge dafür eingeplant werden sollten. Das gibt Ihnen die Zeit, um mit einem Sparplan gezielt Kapital zu bilden oder bereits bestehendes Guthaben zinsbringend zu reservieren.

Daraus lässt sich bereits erkennen, dass je nach persönlicher Finanzlage zwei Wege zur Verfügung stehen: das regelmäßige Sparen und die Einmalanlage. Folglich kommen auch unterschiedliche Anlageprodukte infrage, bei denen die Sicherheit der Kapitalanlage das wichtigste Kriterium ist.

Für **das regelmäßige Sparen** eignen sich:

- → Ratensparverträge von Banken,
- → die oben bereits beschriebenen Spar- und Tagesgeldkonten.

Bei **der Einmalanlage** haben Sie die Auswahl zwischen

- → Festgeldkonten,
- → Sparbriefen,
- → längerfristigen Sparverträgen.

Ratensparverträge

Ratensparverträge, auch „Prämien-„ oder „Bonussparen" genannt, sehen die Zahlung einer festen monatlichen Rate in vereinbarter Höhe über eine bestimmte Laufzeit vor. In der Regel fordern die Kreditinstitute die Einhaltung einer Mindestrate. Nach oben sind Ihrem Sparfleiß meist keine Grenzen gesetzt. Als Zusatzangebot können Sie bei vielen Verträgen auch eine Dynamisierung der Rate vereinbaren. Die monatlichen Zahlungen werden dann von Jahr zu Jahr automatisch um einen bestimmten Prozentsatz erhöht. Die Laufzeiten bewegen sich je nach Angebot zwischen einem Jahr und 25 Jahren.

Der Ertrag setzt sich meist aus zwei Bestandteilen zusammen:

- → einer laufenden **Grundverzinsung,**
- → einem laufzeitabhängigen, jährlich oder einmalig gezahlten **Zinsbonus.**

Wenn Sie sich bei verschiedenen Instituten auf die Suche nach solchen Produkten begeben, werden Sie schnell merken, dass es einen Wust an Ratensparverträgen mit unterschiedlichen Bezeichnungen gibt. Die Grundkonzeptionen der Verträge beschränken sich jedoch auf wenige Varianten. Unterschiede bestehen von Anbieter zu Anbieter dagegen vor allem bei der Verzinsung und der Verfügbarkeit der angesparten Gelder.

Beim laufenden Zins sind die Geldinstitute in der Regel sehr knauserig. Der Zinssatz entspricht bei vielen Angeboten dem Zinssatz für Spareinlagen mit dreimonatiger Kündigungsfrist. Die Grundverzinsung ist oftmals variabel, sodass Sie mit dem Anfangszins nicht fest über die gesamte Laufzeit kalkulieren können und bei allgemein fallenden Zinsen mit noch schlechteren Konditionen rechnen müssen.

Da sich allein durch die Grundverzinsung nur die wenigsten Kunden für diese Sparform erwärmen könnten, zahlen viele Kreditinstitute darüber hinaus als Bonbon entweder nach jedem Laufzeitjahr oder am Ende der Gesamtlaufzeit einen Zinsbonus. Wie hoch dieser ausfällt, richtet sich nach der Dauer der Laufzeit. Grundsätzlich gilt: Je länger die Spardauer ist, desto höher fällt der Bonus aus. Bei einem einmaligen Bonus am Laufzeitende reicht die Spannbreite zum Beispiel von 2 Prozent nach Ablauf des dritten Sparjahrs bis zu 10 Prozent der Einzahlungsbeträge nach 10 Jahren.

Einfluss auf die Bonuszahlung hat auch die Höhe der Grundverzinsung. Bei relativ niedriger laufender Verzinsung erhalten Sie in der Regel höhere Zinszuschläge, bei besserem Grundzins fällt der Bonus.

§ URTEIL

Bank muss sich an Referenzzins orientieren

Der Bundesgerichtshof hat in einem Urteil aus dem Jahr 2004 entschieden, dass der variable Grundzins solcher Sparverträge nicht willkürlich von der Bank geändert werden kann. Er muss sich an einem Referenzzins orientieren und dessen Änderungen nachbilden. Wurden die Zinsen nicht marktgerecht angepasst, können Sie einen Zinsnachschlag fordern (BGH, Urteil vom 17.2.2004, Az. XI ZR140/03).

Wie ertragsstark ein Ratensparvertrag ist, können Sie nur beurteilen, wenn Sie die Renditen verschiedener Angebote vergleichen. Von der verlockenden Höhe insbesondere einmaliger Bonuszahlungen sollten Sie sich auf keinen Fall blenden lassen. Setzt man diese zusammen mit der geringen Grundverzinsung in ein Verhältnis zu der jeweiligen Laufzeit, zeigt sich schnell, dass Sie auch von diesen Verträgen keine Renditewunder erwarten können.

Die Ursache für eine falsche Einschätzung der Rendite solcher Verträge liegt häufig in der raffinierten Bonusgestaltung der Geldinstitute. Entscheidend ist, wann und worauf der Anbieter Ihnen den Bonus gewährt:

- → Bei **jährlicher Bonuszahlung** wird diese manchmal auf die Einzahlungen eines Jahrs, manchmal nur auf die Zinssumme eines Jahrs berechnet.
- → Bei **einmaligem Bonus** am Ende erhalten Sie die Zusatzverzinsung nur auf die Sparleistung ohne Zins – manchmal sogar nur auf einen Teil der Einzahlungen.

Mit dem Abschluss eines Ratensparvertrags oder Sparzertifikats binden Sie sich für eine vereinbarte Vertragsdauer oder zumindest für eine in den Vertragsbedingungen vorgesehene Mindestlaufzeit. Dies kann bedeuten, dass Sie im Einzelfall erst nach einigen Jahren an Ihr Erspartes kommen. Achten Sie daher nicht nur auf den Zins, sondern auch auf die Bedingungen beim vorzeitigen Ausstieg.

Viele Angebote sehen zwar die Möglichkeit eines vorzeitigen Ausstiegs vor. Unterschiedlich sind dabei jedoch die Konditionen. Im günstigsten Fall können Sie jederzeit oder unter Beachtung einer Kündigungsfrist von drei Monaten aussteigen und Ihre eingezahlten Raten sowie die bis zu diesem Zeitpunkt aufgelaufenen Zinsen und den auf die zurückliegende Spardauer entfallenden Bonus werden Ihnen gutgeschrieben.

Es kann Ihnen allerdings auch passieren, dass Sie in Bezug auf den Bonus leer ausgehen oder es keine Zinsaufschläge gibt und man Ihnen rückwirkend nur den normalen Sparbuchzins zahlt. Andere Angebote sehen eine Kündigung frühestens nach einem Jahr vor.

Alternativ gibt es auch festverzinsliche Ratensparverträge, bei denen entweder ein gleichbleibender Zins über die vereinbarte Gesamtlaufzeit gezahlt wird oder der Zins jedes Jahr ansteigt. Zugegeben, richtig gute Angebote offeriert nicht jede Bank um die Ecke, aber auf Internetvergleichsportalen und in den regelmäßigen Veröffentlichungen von *Finanztest* finden Sie gute Anbieter. Vergleichen lohnt sich! Untersuchen Sie aber die Flexibilität dieser Festzins-Sparverträge. Ein vorzeitiger Ausstieg ist meist nicht oder nur mit Einbußen möglich.

! ACHTUNG

Keine automatische Auszahlung am Ende der Spardauer

Selbst bei Einhaltung der vertraglich festgelegten Spardauer müssen Sie aufpassen. Teilweise wird Ihr Geld zum Laufzeitende nicht automatisch frei, sondern Sie müssen unter Beachtung einer bestimmten Frist ausdrücklich kündigen.

CHECKLISTE

Vergleich von Ratensparverträgen

Diese Kriterien helfen Ihnen dabei, präzise zu vergleichen und eine fundierte Entscheidung zu treffen:

- Wie hoch ist die Grundverzinsung?
- Ist die Grundverzinsung des Vertrags für die gesamte Laufzeit fest oder kann sie jederzeit verändert werden?
- Welchen Bonus/Zusatzzins gibt es für welche Laufzeiten?
- Worauf wird der Bonus/Zusatzzins gezahlt?
- Besteht die Möglichkeit, den Sparvertrag vorzeitig zu beenden, und welche Kündigungsfrist bzw. Kündigungssperrfrist muss berücksichtigt werden?
- Wie wirkt sich eine vorzeitige Vertragsbeendigung auf die Grundverzinsung und den Bonus/Zusatzzins aus?
- Werden bei einer vorzeitigen Verfügung Vorschusszinsen berechnet?
- Muss das Guthaben auch bei Ablauf der regulären Sparzeit gekündigt werden oder tritt die Fälligkeit automatisch ein?

→ **TIPP Steigender Zins ist oft steuerlich günstiger**

Unter steuerlichen Gesichtspunkten sind Angebote mit einem steigenden Zins sinnvoller als Varianten mit einem einmaligen Endbonus. Die Erträge fließen Ihnen jährlich zu, während bei Verträgen mit einmaliger Bonuszahlung ein Großteil der Verzinsung erst zum Laufzeitende ausgezahlt wird – und dann auch versteuert werden muss. Dadurch besteht die Gefahr, dass Ihr Sparerpauschbetrag überschritten wird und Sie für die darüber hinausgehenden Erträge Abgeltungsteuer zahlen müssen.

Termin- und Festgeldkonten

Die Bezeichnung „Termingelder" ist ein Oberbegriff für Guthaben auf speziellen Termingeldkonten. Der Kunde trifft bei einer Termingeldanlage mit dem Kreditinstitut eine Vereinbarung darüber, dass er diesem die in der Regel aus größeren Beträgen bestehenden Einlagen für einen bestimmten Zeitraum überlässt und dafür als Ausgleich einen festen Zins erhält. Die meisten Termineinlagen werden heute in Form eines Festgelds angelegt. Die Besonderheit beim Festgeld liegt darin, dass Sie mit der Bank oder Sparkasse von vornherein eine feste Laufzeit vereinbaren, über die Sie Ihr Geld festlegen wollen.

Wichtigste Voraussetzung für den Abschluss einer Festgeldanlage ist, dass Sie genug Geld auf der hohen Kante haben. Die „Schallmauer" liegt meist bei einem Betrag von 2.500 bis 5.000 Euro. Reicht Ihr Erspartes für den Einstieg, müssen Sie überlegen, wie lange Sie Ihr Geld festlegen wollen. Die Mindestlaufzeit beträgt 30 Tage, bei manchen Banken kann sie bis zu fünf Jahre oder noch länger dauern. Bis zu einem Jahr können Sie meist in Monats- oder Quartalsschritten, danach in Jahresschritten wählen. Ein vorzeitiger Zugriff auf das Geld ist in den Anlagebedingungen nicht vorgesehen.

Unter anderem nach der Anlagedauer richtet sich auch die Verzinsung des Festgelds. Dabei gilt als Faustformel: Je länger die Laufzeit, desto höher ist der Zins. Nur in Zeiten stark fallender Zinssätze kann es auch einmal passieren, dass Sie bei einer kurzen Anlagefrist besser als bei einer längeren Laufzeit wegkommen. Ebenfalls Einfluss auf die Verzinsung hat die Höhe des Anlagebetrags. Viele Banken und Sparkassen staffeln ihre Konditionen nach Beträgen, wobei es oft für größere Summen bessere Konditionen gibt.

! ACHTUNG

Erkennen und umgehen Sie die Verlängerungsfalle!

Häufig enthalten Festgeldverträge auch eine Klausel, dass sich das Festgeld nach Ablauf der Anlagedauer für einen weiteren Zeitraum mit derselben Länge zu den dann geltenden Konditionen verlängert, wenn Sie der Bank oder Sparkasse vorher nichts anderes mitteilen. Wollen Sie das Festgeld nicht oder nur in Höhe eines Teilbetrags verlängern, müssen Sie dies dem Geldinstitut rechtzeitig mitteilen. Bei einigen Anbietern werden Sie vor dem Ende der Laufzeit aber auch schriftlich darauf aufmerksam gemacht, sodass Sie dann reagieren können.

Anlagedauer für Festgeld genau kalkulieren

Markus Feck, Gruppenleiter Finanzen und Versicherungen bei der Verbraucherzentrale NRW, erläutert: „Haben Sie sich mit der Laufzeit verkalkuliert und wollen oder müssen Sie vorzeitig aus der Festgeldanlage aussteigen, so ist dies nicht ohne Weiteres möglich. Rein rechtlich gesehen ist das Kreditinstitut nicht zu einer vorzeitigen Rückzahlung des Festgelds verpflichtet. Es könnte also der Fall eintreten, dass Sie Ihren Geldbedarf bis zum Ende der Festgeldvereinbarung mit einem kurzfristigen Kredit abdecken müssen. In der Praxis bestehen Banken und Sparkassen jedoch nicht unbedingt auf Vertragserfüllung. Die Bedingungen, zu denen die vorzeitige Rückzahlung erfolgen soll, bestimmt dann allerdings das Institut. Zum Teil wird eine Entschädigung fällig oder der Zinssatz wird rückwirkend wesentlich herabgesetzt. Um eine solche Situation zu vermeiden, sollten Sie deshalb vor Abschluss einer Festgeldanlage eine konkrete Vorstellung davon haben, wie lange Sie den Betrag entbehren können."

Wird das Festgeld nicht verlängert, erhalten Sie den Anlagebetrag inklusive der aufgelaufenen Zinsen zurück. Das für die Anlage eingerichtete Festgeldkonto wird aufgelöst, das Guthaben auf ein von Ihnen angegebenes Konto überwiesen. Bei einer Verlängerung werden die Zinsen meist dem Festgeldkonto gutgeschrieben und die Gesamtsumme weiterverzinst.

Sowohl bei der Neuanlage als auch bei der Verlängerung gilt: Bei Festgeldern sollten Sie die Konditionen verschiedener Kreditinstitute vergleichen und sich nicht gleich für das erstbeste Angebot Ihrer Hausbank entscheiden. Gerade bei dieser Anlageform ist es kein Problem, auch mit fremden Kreditinstituten handelseinig zu werden. Ein solcher Wechsel kostet nicht mehr Mühe, als Sie für die Umbuchung Ihres Anlagebetrags von einer Bank zur anderen und die damit verbundenen Formalitäten der Kontoeröffnung aufwenden müssen. Gebühren fallen für die Einrichtung von Festgeldkonten nicht an.

BEISPIEL

Fragwürdige Kombi-Offerten mit Lockzinsen

Gerade in Zeiten niedriger Zinsen locken Anbieter mit Kombi-Angeboten, die aus einem Festgeld und einem Fonds bestehen. Ein überdurchschnittlicher Zins verfängt bei diesen Angeboten. Doch achten Sie auf die Details:

- Häufig läuft das Festgeld mit dem attraktiven Zins nur 6 Monate.
- Bedingung dafür ist außerdem, dass die andere Hälfte des Anlagebetrags in einen Investmentfonds investiert wird. Daher der Name „Kombigeld“, „Fest und Fonds“ oder ähnlich.

Beachten sollten Sie zwei Aspekte:

1. Entspricht die Kombination tatsächlich Ihren **Anlagezielen?** Damit bei Fonds mindestens die Kosten wieder erwirtschaftet werden und Erträge zu verzeichnen sind, muss hier ein eher mittelfristiger Anlagehorizont unterstellt werden. Zwar können Sie Fondsanteile jederzeit wieder zurückgeben, aber es soll sich ja lohnen.
   Außerdem ist der Kauf von Fonds mit Kosten verbunden. Zudem handelt es sich nicht um eine einlagengesicherte Anlage. Der Gegenwert eines Fondsanteils schwankt.
   Entspricht das Ihrer Risikoneigung?
2. Falls ja, so sollten Sie nachrechnen, **ob sich das Ganze auch lohnt!** Investieren Sie 10.000 Euro in ein Kombi-Angebot, bietet das Festgeld für sechs Monate 3 Prozent Zins p.a. Das sind 75 Euro Zinsen. Anschließend fällt der Zins auf Sparbuchzinsniveau, zum Beispiel 0,05 Prozent. Nach einem Jahr ist diese Hälfte von 5.000 Euro auf rund 5.076 Euro gestiegen.
   Die andere Hälfte wird in einen Mischfonds (Anleihen und Aktien) investiert. Der Ausgabeaufschlag beträgt selbst mit verhandeltem Rabatt von 50 Prozent letztlich noch 2 Prozent.

Allein die Kaufkosten belaufen sich also auf 100 Euro. Der Zinsertrag des Festgelds ist somit schon für die Anschaffungskosten des Fonds verbraucht. Hinzu kommen die laufenden Kosten des Fonds und gegebenenfalls noch ein Depotentgelt. Da muss eine ordentliche Rendite von dem Fonds erwirtschaftet werden, damit sich diese Kombination wirklich lohnt. Diese Geldanlage kann eigentlich nur dann sinnvoll sein, wenn Sie ohnehin nach ausführlicher Recherche in genau den angebotenen Fonds langfristig investieren wollten und das Festgeld als Sahnehäubchen für sechs Monate mitnehmen.

Sparbriefe

Der Kauf eines Sparbriefs bietet Ihnen gegenüber ähnlichen Anlageformen – bei gleicher Sicherheit – vor allem den Vorteil einer wesentlich höheren Verzinsung. Die aktuellen Zinssätze richten sich nach den jeweiligen Gegebenheiten auf dem Kapitalmarkt, insbesondere dem Markt für festverzinsliche Wertpapiere. Ebenso wie Festgeldanlagen bieten Sparbriefe auch eine feste Verzinsung über einen bestimmten Anlagezeitraum.

Die Mindestanlagesummen sind sehr unterschiedlich. Je nach Anbieter müssen Sie 50 bis 2.500 Euro mitbringen. Häufig muss der Anlagebetrag durch 100 oder 500 Euro teilbar sein. „Krumme" Geldsummen müssen Sie also entweder aufstocken oder abrunden.

Bei den Laufzeiten haben Sie die Qual der Wahl zwischen Zeiträumen von einem Jahr bis zu zehn Jahren. Über die gewählte Anlagedauer garantiert Ihnen der Briefaussteller den vereinbarten Anlagezinssatz, wobei auch hier wieder grundsätzlich gilt: je länger die Laufzeit, desto höher die Verzinsung.

Eine weitere Wahlmöglichkeit haben Sie hinsichtlich der Zinszahlung. So befinden sich in der Angebotspalette vieler Geldhäuser meist zwei Sparbriefvarianten:

→ **der ausschüttende Sparbrief.** Dabei zahlt Ihnen die Bank oder Sparkasse während der gesamten Laufzeit regelmäßig – normalerweise jährlich – die aufgelaufenen Anlagezinsen aus. Der Zinsbetrag wird dann auf ein von Ihnen angegebenes Konto überwiesen und Sie können frei darüber verfügen. Am Ende der Laufzeit erhalten Sie den ursprünglich eingezahlten Nennbetrag des Sparbriefs zurück.

→ **der Sparbrief mit Zinsansammlung.** Dabei erhalten Sie während der Laufzeit keine regelmäßigen Zinszahlungen. Dafür werden Ihnen die gesamten Zinserträge einschließlich Zinseszinsen auf einen Schlag am Ende der Laufzeit zusammen mit dem eingesetzten Kapital ausgezahlt. Hier gibt es zwei Varianten. Beim aufgezinsten Sparbrief mit 1,0 Prozent Zins bekommt der Sparer bei einem Nennwert von 1.000 Euro nach fünf Jahren 1.051,01 Euro ausgezahlt. Beim abgezinsten Sparbrief werden Zins und Zinseszins bereits am Anfang vom Anlagebetrag abgezogen. Der Sparer legt 951,47 Euro an und bekommt bei gleichen Bedingungen am Ende 1.000 Euro ausbezahlt.

Ein Vorteil der Sparbriefe mit Zinsansammlung besteht vor allem in der etwas höheren Rendite aufgrund des Zinseszinseffekts. Außerdem werden die anfallenden Zinserträge automatisch ebenfalls mit dem Vertragszins verzinst. Das ist bequem. Bei einem ausschüttenden Brief müssen Sie sich dagegen selbst um die Wiederanlage der Zinserträge kümmern – natürlich vorausgesetzt, Sie wollen das Geld nicht einfach ausgeben.

> ❗ ACHTUNG
>
> **Mogelpackung ohne Zinseszins**
>
> Mitunter gibt es Anbieter, die selbst bei Sparbriefen mit mehrjähriger Laufzeit die Zinsen nicht jährlich auszahlen, trotzdem auch nicht mitverzinsen! Der Zinseszinseffekt entfällt für den Kunden. Das ist nicht fair.

→ **TIPP Steuer im Auge behalten**

Sinnvoll kann der ausschüttende Sparbrief aus steuerlichen Gründen sein, denn bei Sparbriefen mit Zinsansammlung müssen die aufgelaufenen Zinserträge komplett im Jahr der Fälligkeit des Briefs versteuert werden. Hierdurch kann schnell der Sparerpauschbetrag überschritten werden und für den übersteigenden Betrag wird Abgeltungsteuer fällig.

Abgesehen von der Art und Weise der Zinszahlung unterscheiden sich die verschiedenen Sparbriefangebote nicht. Die Anbieter machen bei der Konditionengestaltung vereinzelt nur geringe Unterschiede zwischen normalverzinslicher und ab- oder aufgezinster Variante. Der meist mit der Ausstellung einer Sparbriefurkunde verbundene Erwerb sowie die Rückgabe bei Fälligkeit sollten in jedem Fall kostenlos sein.

Alle Sparbriefe bieten eine feste Verzinsung und unterliegen keinerlei Kursrisiko, da sie nicht an der Börse oder im freien Kapitalverkehr gehandelt werden. Allerdings ist damit auch gleichzeitig ein entscheidender Nachteil verbunden: Ein vorzeitiger Ausstieg aus der Sparbriefanlage ist nicht möglich. Müssen Sie vorzeitig an den festgelegten Betrag, bleibt Ihnen häufig keine andere Möglichkeit, als einen Kredit aufzunehmen und den Sparbrief als Sicherheit an die Bank oder Sparkasse abzutreten. In diesem Fall müssen Sie in aller Regel höhere Kreditzinsen zahlen, als Ihnen der Sparbrief an Guthabenzinsen einbringt.

Sparbriefe sollten Sie darum nur dann erwerben, wenn Sie den Anlagebetrag mit Sicherheit nicht vor dem Ende der regulären Laufzeit benötigen. Haben Sie sich dennoch verkalkuliert, besteht allenfalls die Möglichkeit, den Brief an eine andere Person abzutreten. Ohne die ausdrückliche Zustimmung der Bank oder Sparkasse ist eine solche Übertragung oder ein Verkauf in der Regel allerdings nicht möglich. Welche Verfügungsbeschränkungen im Einzelnen bestehen, sollten Sie vor dem Abschluss eines Sparbriefs immer genau erfragen.

→ **TIPP Zinsphasen berücksichtigen**
Lang laufende Sparbriefe lohnen sich besonders in Hochzinsphasen. In Zeiten niedriger Zinsen ist es sinnvoller, sich eher mit einem kurz laufenden Festgeld flexibel zu halten. Bei anhaltend niedrigem Zinsniveau kann es auch sinnvoll sein, den Anlagebetrag über Festgelder und Sparbriefe mit unterschiedlichen Laufzeiten zu verteilen. So profitieren Sie teilweise bei steigenden, schützen sich andererseits aber auch gegen fallende Zinsen. Mit länger laufenden Sparbriefen realisieren Sie zudem in der Regel höhere Zinsen.

Sondersparformen für die Einmalanlage

Außer Sparbriefen und Festgeldanlagen gibt es für die Einmalanlage auch Sonderprodukte, die ähnlich wie viele Ratensparpläne unter bestimmten Voraussetzungen den Zugriff auf das Guthaben schon vor der eigentlichen Fälligkeit der Anlage ermöglichen. Zwei Varianten sind besonders häufig vertreten:

→ **Sparvertrag mit vereinbarter Kündigungsfrist.** Hier handelt es sich um ein Sparkonto, das jedoch eine längere Kündigungsfrist als die üblichen drei Monate hat. Die Verzinsung ist meist variabel, und im Vergleich zum Zins für Produkte mit dreimonatiger Kündigungsfrist gibt es einen Aufschlag. Die angebotenen Kündigungsfristen reichen in der Regel von sechs Monaten bis zu vier Jahren. Bei vorzeitigem Zugriff gilt zumeist wie beim Sparkonto, dass eine Gebühr in Form des Vorschusszinses verlangt wird. In der Praxis sind diese Sparverträge zwar flexibler als Sparbriefe, aber häufig deutlich schlechter verzinst.

→ **Sparen mit steigendem Zins.** Viele Banken bieten Sparverträge an, die mit einem jährlich steigenden Zins ausgestattet sind. Die Gesamtlaufzeit des Vertrags beträgt üblicherweise drei bis fünf Jahre. Nach Ablauf eines Jahrs kann jedoch der Sparer unter Berücksichtigung einer dreimonatigen Kündigungsfrist an das Geld herankommen. Solche Sparformen tragen oft den Namen „Zuwachssparen" oder „Wachstumssparen".

Ein wichtiger Knackpunkt bei Sondersparformen ist die Kündigungsfrist: Diese beginnt mit dem Zeitpunkt Ihrer Kündigung und erst nach Ablauf der Frist erhalten Sie Ihr Geld zurück. Wenn Sie einen Sparvertrag mit zweijähriger Kündigungsfrist haben und Ihr Guthaben ein Jahr nach der Anlage kündigen, wird Ihr Erspartes drei Jahre nach Anlagebeginn wieder ausgezahlt.

In diesem Zusammenhang sollten Sie darauf achten, dass **Kündigungsfrist** und **Kündigungssperrfrist** zwei verschiedene Dinge sind. Die Kündigungssperrfrist ist nämlich ein bestimmter Zeitraum nach der Anlage, in dem Sie keine Kündigung aussprechen dürfen. Erst nach Ablauf der Sperrfrist können Sie kündigen und dann beginnt die Kündigungsfrist zu laufen. Wenn beispielsweise ein Sparvertrag neun Monate Kündigungssperrfrist und drei Monate Kündigungsfrist hat, können Sie erst nach neun Monaten kündigen und kommen somit frühestens nach Ablauf eines Jahrs wieder an Ihr Guthaben.

→ **TIPP Unbedingt an die Kündigung denken!**

Achten Sie bei Sondersparformen darauf, was nach Ablauf der Zinsbindung geschieht. Manche Verträge werden automatisch in ein Sparkonto mit dreimonatiger Kündigungsfrist und entsprechend niedrigem Zins umgewandelt, wenn Sie nicht drei Monate vorAblauf der Anlage kündigen. Bei solchen Verträgen sollten Sie einen Vermerk in Ihrem Terminkalender eintragen, damit Sie nicht wegen einer verpassten Kündigung in eine unfreiwillige Verlängerung zu Minizinsen geraten.

Vergleichen Sie Zuwachssparverträge mit unterschiedlichen Zinstreppen anhand der Rendite pro Jahr. Besonders in Zeiten eines mittleren Zinsniveaus sind diese Produkte attraktiv. Sie sichern sich gute Zinsen für mehrere Jahre. Sinkt in der Zwischenzeit das Zinsniveau, liegen Sie mit dem Produkt genau richtig. Steigt das Zinsniveau, können Sie kündigen und das Geld in höher verzinsliche Verträge einzahlen.

€ FINANZEN

Zinsportale helfen beim Vergleich

Ob Tagesgeldkonto, Festgeldkonto oder Sparbrief: Zinsportale im Internet bieten Orientierung und ermöglichen teilweise den direkten Abschluss des Anlageprodukts aus dem Portal heraus. Allerdings sollten Sie zweierlei beachten: Zum einen ist nicht jede Bank auf jedem Portal aufgeführt, und zum anderen tauchen auch Banken aus Ländern mit fragwürdiger Einlagensicherung auf. Daher ist es empfehlenswert, mehrere Portale zu besuchen und sich beim Vergleich auf Banken aus Deutschland oder aus EU-Staaten mit starker Bonität zu konzentrieren. Hier einige Vergleichsportale:

- www.Check24.de
- www.biallo.de
- www.fmh.de von der FMH Finanzberatung Max Herbst
- www.vergleich.de
- www.verivox.de

Sparen auf die eigenen vier Wände

Wenn Sie mittelfristig den Erwerb eines Eigenheims planen, sollten Sie frühzeitig mit der Bildung von Eigenkapital beginnen. Denn: Je höher der Anteil an eigenen Finanzmitteln, desto geringer ist bei der Finanzierung das Risiko, sich zu überschulden.

Mit dem Kauf eines Hauses oder einer Wohnung erfüllen sich viele Bundesbürger nicht nur einen lang gehegten Lebenstraum, sondern investieren auch in einen sinnvollen Baustein der privaten Altersvorsorge. Ist nämlich das Eigenheim bis zum Renteneintritt abgezahlt, reduzieren sich die Lebenshaltungskosten im Rentenalter stark, weil die Miete als einer der größten monatlichen Ausgabenblöcke entfällt. Auch wenn zu berücksichtigen ist, dass Eigenheimbesitzer regelmäßige Rücklagen in ausreichender Höhe für Reparaturen bilden sollten, bleibt Rentnern mit selbstgenutztem Wohneigentum unterm Strich eine Kostenersparnis von mehreren Hundert Euro pro Monat.

Allerdings ist der Erwerb von Wohneigentum mit hohen Kosten verbunden. Und diese bestehen nicht nur aus dem Kaufpreis: Notargebühren, eine eventuelle Maklercourtage und die Grunderwerbsteuer können zusätzlich mehr als 10 Prozent des reinen Kaufpreises ausmachen.

Je mehr eigenes Geld Sie beim Immobilienkauf einbringen können, umso besser können Sie die Finanzierung verkraften – denn Sie können dann entweder mit einer niedrigeren monatlichen Kreditrate klarkommen oder die Tilgung erhöhen, um schneller schuldenfrei zu werden. Grund genug also, möglichst früh und konsequent mit dem zielgerichteten Sparen zu beginnen.

Ähnlich wie beim Sparen auf Anschaffungen gilt auch bei der Eigenkapitalbildung fürs Eigenheim, dass Sie auf risikoarme Anlageformen setzen sollten. Damit kommen in erster Linie die Anlageprodukte von Banken infrage, deren Funktionsweise bereits im vorigen Kapitel beschrieben wurden. Darüber hinaus kann das Bausparen – je nach Bedarf auch in Verbindung mit der Riester-Förderung – eine Alternative darstellen.

Kapitalbildung mit Bankprodukten

Welche Bankprodukte für das Sparen und Anlegen auf die eigenen vier Wände infrage kommen, hängt von zwei Faktoren ab. Zunächst einmal stellt sich die Frage, ob Sie den Immobilienkauf kurzfristig – also in den nächsten ein bis drei Jahren – planen oder für einen längeren Zeitraum Geld anlegen wollen.

Der zweite Gesichtspunkt ist die Art des Sparens, denn für die Einmalanlage bieten sich andere Bankprodukte an als für das regelmäßige Sparen in monatlichen Raten.

Ratensparen

Für das Ratensparen können sowohl Banksparverträge als auch Tagesgeldkonten geeignet sein. Das Tagesgeldkonto bietet Ihnen ein hohes Maß an Flexibilität, denn Sie können nach Belieben per Dauerauftrag oder einmalig Geld einzahlen und bei Bedarf kurzfristig auf das Guthaben zugreifen. Allerdings sind Tagesgeldkonten meist niedriger verzinst als längerfristige Sparverträge. Damit kommt das Ratensparen mit dem Tagesgeldkonto dann in Betracht, wenn Sie in den nächsten drei Jahren ein Eigenheim erwerben und für diesen Zweck das bereits vorhandene Eigenkapital noch weiter aufstocken wollen.

Liegt der geplante Immobilienkauf weiter in der Zukunft, dann können Sie mit einem Ratensparvertrag meist bessere Renditen erzielen. Nachteilig im Vergleich zum Tagesgeldkonto ist hierbei, dass Sie sich häufig an eine feste Monatsrate binden und keine außerplanmäßigen Einzahlungen leisten können.

→ TIPP Ratensparvertrag und Tagesgeldkonto kombinieren

Wenn Ihre monatlichen Einkommensreserven schwanken, sollten Sie beim Sparen auf die eigenen vier Wände zweigleisig fahren. Mit einem Ratensparplan decken Sie die Monatsrate ab, die Sie sich auf jeden Fall immer leisten können. Ist am Monatsende noch Geld übrig, überweisen Sie dieses auf ein Tagesgeldkonto. Wenn der Immobilienerwerb erst für später geplant ist, können Sie dann sogar noch von Zeit zu Zeit größere Einzelbeträge vom Tagesgeld auf ein Festgeldkonto oder einen Sparbrief umschichten.

Beim Abschluss eines Ratensparplans sollten Sie besonderes Augenmerk auf die Kündigungsmodalitäten legen. Ungünstig sind Sparverträge, bei denen Sie vor der Fälligkeit nicht an das Guthaben herankommen können oder bei denen die Kündigung vor Ablauf mit nachträglichen Renditeeinbußen verbunden ist. Besser geeignet sind Sparpläne, bei denen Ihnen im Fall eines vorzeitigen Ausstiegs zumindest die Grundverzinsung und der bis dahin angesammelte Bonus erhalten bleiben. Damit können Sie flexibel agieren, wenn sich Ihnen eine günstige Gelegenheit zum Erwerb eines Eigenheims bietet und Sie das Geld innerhalb weniger Wochen oder Monate benötigen.

→ **TIPP Riester-Banksparplan fürs Eigenkapitel einsetzen**
Wenn Sie einen Riester-Banksparplan besitzen, können Sie das darauf befindliche Guthaben auch als Eigenkapital beim Kauf von selbstgenutztem Wohneigentum verwenden, ohne dass Ihnen Ihre Förderung verloren geht.

Einmalanlagen

Gerade bei der Kapitalbildung auf den Immobilienerwerb spielen Einmalanlagen oft eine wichtige Rolle – sei es für die Umschichtung bereits angesammelter Guthaben oder

für das „Zwischenparken" von elterlichen Schenkungen, mit deren Hilfe der nächsten Generation der Weg in die eigenen vier Wände finanziell geebnet werden soll.

Weitgehend unproblematisch sind für diesen Einsatzzweck Festgelder mit bis zu sechs Monaten Laufzeit. Innerhalb dieses Zeitraums lässt sich in aller Regel abschätzen, ob sich die Kaufpläne konkretisieren. Dann kann im Bedarfsfall das Festgeld gekündigt werden und steht dann nach dem

Ende der Anlagefrist direkt als Eigenkapital zur Verfügung.

Anspruchsvoller wird die Planung, wenn der Kauf von selbstgenutztem Wohneigentum mittelfristig geplant wird. Mit länger laufenden Festgeldanlagen oder Sparbriefen lassen sich auf Sicht von drei oder mehr Jahren zwar meist bessere Renditen erzielen als mit kurzfristigen Anlagen, doch damit ist das Geld über den mit der Bank vereinbarten Zeitraum auch fest gebunden. Wer die Immobilie früher als ursprünglich vorgesehen kaufen will, muss unter Umständen die Kapitalanlage bis zur Fälligkeit zwischenfinanzieren. Dann machen die Mehrkosten für das Darlehen die zusätzliche Rendite schnell wieder zunichte.

Besser geeignet sind in vielen Fällen Sparverträge, die nach einer üblicherweise neunmonatigen Sperrfrist mit drei Monaten Kündigungsfrist aufgelöst werden können und mit jährlich steigenden Zinsen ausgestattet sind. Wird das Geld nicht benötigt, profitieren Sie als Anleger automatisch im Lauf der Zeit von besseren Zinsen. Und wenn Sie kurzfristig Ihren Traum vom Eigenheim realisieren wollen, kommen Sie ohne Verluste innerhalb weniger Monate an Ihr Guthaben heran.

Bausparen mit und ohne Riester-Förderung

Bausparverträge sind bei vielen Sparern ein beliebtes Instrument für die Bildung von Eigenkapital beim Immobilienerwerb. Dabei handelt es sich um Finanzprodukte, die zweistufig aufgebaut sind: Nach Abschluss des Vertrags kommt zunächst die **Ansparphase**, der sich nach Zuteilung und Auszahlung des Bauspardarlehens die **Finanzierungsphase** anschließt.

Generell haben Bausparverträge den Vorteil, dass die Zinsen sowohl für die Anspar- als auch für die Finanzierungsphase von Beginn an festgeschrieben sind. Das bringt dem Bausparer ein hohes Maß an Kalkulationssicherheit. Allerdings sind die Sparzinsen niedrig und werden überdies durch zusätzliche Kosten in Form der Abschlussgebühr und Kontoführungsgebühren geschmälert. Darüber hinaus sind die einzelnen Angebote von Bausparkassen nur bedingt vergleichbar, weil die Tarife oft auf unterschiedliche Anspar- und Tilgungszeiten zugeschnitten sind.

Zwar können Bausparverträge auch als reine Geldanlage betrachtet werden. Dann jedoch sind sie aufgrund der hohen Gebühren im Vergleich zu Banksparplänen meist uninteressant. Weil das Bausparen erst durch den langfristigen Festzins des Darlehens und die Möglichkeit der Riester-Förderung attraktiv wird, empfiehlt sich dieses Anlageprodukt nur für Sparer, die fest vorhaben, in den nächsten fünf bis zehn Jahren Wohneigentum zu erwerben.

So funktioniert der Bausparvertrag

Beim typischen Ablauf einer Bausparfinanzierung durchläuft der Vertrag zwei Phasen:

→ die Ansparphase,
→ die Darlehensphase.

In der **Ansparphase** erbringen Sie regelmäßige Sparraten, die sich an der vereinbarten Bausparsumme orientieren, und/oder auch hohe Einmalbeträge. Haben Sie dann je nach Tarif einen Anteil von 40 oder 50 Prozent der Vertragssumme eingezahlt und erfüllen Sie vertragsgemäß noch einige weitere Voraussetzungen, kommt der Vertrag in die sogenannte Zuteilung. Sie erhalten dann von der Bausparkasse die gesamte Vertragssumme ausgezahlt. Der über das eingezahlte Guthaben hinausgehende Auszahlungsbetrag wird als Darlehen gewährt, und damit beginnt die **Darlehensphase**.

Der Vorteil dieser Finanzierungsform besteht für den Bauherrn vor allem darin, dass er das Darlehen zu zinsgünstigen Festkonditionen bekommt, die von der jeweiligen Marktlage unabhängig sind und bereits bei Unterzeichnung des Vertrags feststehen. Der Bausparer kennt also bei Abschluss des Vertrags den späteren Darlehenszins und auch die spätere Rate, mit der das Bauspardarlehen zurückzuzahlen ist. Der Haken bei der Sache liegt allerdings in der Frage, wann er das Darlehen bekommt – wie lange also die Ansparphase dauert. Während dieser Wartezeit erhält der Bausparer auf sein Guthaben nämlich nur sehr geringe Zinsen, die – außer in extremen Niedrigzinsphasen – deutlich unter den Sätzen liegen, die sich durch andere Geldanlagen erzielen lassen. Durch diesen Zinsverzicht wird praktisch der günstige Darlehenszins erkauft.

Wählt der Bausparer innerhalb der verschiedenen Vertragsvarianten – der „Tarife" – einen höheren Ansparzins, muss er gleichzeitig auch einen höheren Darlehenszins in Kauf nehmen. Die Spanne zwischen den Sätzen beträgt meist 2 Prozent pro Jahr – einem jährlichen Guthabenzins von beispielsweise 1,0 Prozent steht also ein Kreditzins von 3,0 Prozent gegenüber, bei jährlich 0,75 Prozent Zinsertrag müssen später 2,75 Prozent pro Jahr für den Kredit gezahlt werden. Abweichend von der Standardvariante gibt es auch Verträge, die eine besonders kurze oder lange Spar- bzw. Darlehensphase vorsehen. Dort können sowohl die Darlehens- als auch die Kreditzinsen stark nach oben oder unten abweichen.

Wie lange es bis zur Zuteilung dauert, hängt vom Sparfleiß des Kunden, aber wesentlich auch von der Geschäftsentwicklung der jeweiligen Kasse ab. Laufen die Geschäfte gut, kommt der Bausparer relativ schnell an sein Geld. Herrscht hingegen eine Flaute, muss er sich oft länger gedulden, als ihm lieb ist, oder sich die Vertragssumme vorzeitig durch eine teure Zwischenfinanzierung besorgen.

! ACHTUNG

Prüfen Sie die Nebenkosten

Vor dem Abschluss eines Bausparvertrags sollten Sie nicht nur auf die Differenz zwischen Guthaben- und Darlehenszins achten, sondern auch auf die weiteren Nebenkosten. Üblicherweise wird beim Abschlussdes Vertrags eine Abschlussgebühr von 1 bis 1,6 Prozent der Vertragssumme kassiert, und manche Bausparkassen erheben bei der Kreditauszahlung eine einmalige Zinsvorauszahlung, die als „Agio" bezeichnet wird. Auch die Führung des Bausparkontos ist nicht bei allen Bausparkassen gebührenfrei.

Der Zuteilungstermin kann und darf von der Bausparkasse nicht garantiert werden. Deshalb steht auf den Angeboten hinter dem Zuteilungstermin meist ein Zusatz wie „unverbindlich geschätzt" oder „prognostiziert". Das führt in der Praxis immer wieder zu Verärgerung und Enttäuschung bei den Bausparern, die zu dem prognostizierten Zuteilungstermin fest mit dem Geld gerechnet haben. Dagegen hilft nur eins: Halten Sie Kontakt mit der Bausparkasse. Spätestens zwölf Monate vor dem prognostizierten Zuteilungstermin sollten Sie sich bei der Bausparkasse erkundigen, ob dieser Termin eingehalten werden kann. Wenn nicht, haben Sie noch genügend Zeit, zu handeln. Durch Sonderzahlungen beispielsweise können Sie die Zuteilung beschleunigen.

→ TIPP **Verhältnis von Sparrate zu Bausparsumme beachten**

Achten Sie darauf, keine überhöhten Vertragssummen abzuschließen. Dies ist sehr wichtig, damit der Bausparvertrag in der geplanten Zeit zuteilungsreif ist. Hier gilt es aufzupassen, denn Bausparvertreter verkaufen gern hohe Bausparsummen, weil sich die Höhe ihrer Provision ganz oder teilweise nach der Bausparsumme bemisst. Aus dem Kleingedruckten, den Bausparbedingungen, ergibt sich das richtige Verhältnis von Sparrate zu Bausparsumme. Nur wenn der Vertrag mit dem Regelsparbeitrag bespart wird, ist er in der veranschlagten Zeit von zum Beispiel fünf bis sieben Jahren zuteilungsreif.

CHECKLISTE

Was Sie vor dem Abschluss eines Bausparvertrags prüfen sollten

- Achten Sie darauf, dass Ihnen alle wichtigen **Informationen** – Guthabenzins, späterer Finanzierungszins und Abschlussgebühr – vorliegen.
- Lassen Sie sich die **Bausparbedingungen** aushändigen und lesen Sie sie in Ruhe.
- Prüfen Sie insbesondere, ob Änderungen der Sparrate und **Sonderzahlungen** möglich oder ausgeschlossen sind bzw. von der Zustimmung der Bausparkasse abhängen. So kennen Sie die Flexibilität Ihres Vertrags.
- Lassen Sie sich alles **erklären,** was Sie nicht verstehen.
- Seien Sie bei **hohen Bausparsummen** besonders kritisch. Können Sie den Regelsparbeitrag überhaupt aufbringen? Ist die spätere Rate für das Bauspardarlehen bezahlbar?
- Lassen Sie sich den vollständigen Spar- und Darlehensverlauf ausdrucken. So sehen Sie genau, welche Zahlungen in der **Beispielrechnung** unterstellt wurden. Prüfen Sie kritisch.
- *Finanztest* bietet **Vergleiche** zu Finanzierungs- und Renditebausparverträgen.
- **Beratung** – auch zu bestehenden Bausparverträgen – bieten die Verbraucherzentralen an (→ Adressen Seite 198).

Der **Regelsparbeitrag** wird als Promillezahl ausgedrückt. Bei klassischen Tarifen beträgt er zumeist 4 Promille der Bausparsumme. Bei einem Bausparvertrag über 100.000 Euro Bausparsumme sollte der monatliche Sparbeitrag also immerhin 400 Euro betragen. Wählen Sie eine deutlich geringere Rate, so verzögert sich die Zuteilung um einige Jahre. Zeit, in der Ihr Guthaben mit einem sehr niedrigen Zins verzinst wird. Wählen Sie also die Bausparsumme mit Bedacht. Am besten geben Sie der Bausparkasse Ihre gewünschte Sparrate und die Zeit bis zur Zuteilung vor, dann kann die Bausparkasse die optimale Bausparsumme ermitteln.

Bausparen ohne Riester-Förderung

Für viele Anleger ist das Bausparen mit Riester-Förderung die empfehlenswertere Variante, weil hier Sparer mit staatlichen Zulagen ihren Eigenkapitalaufbau beschleunigen können. Doch wer keinen Anspruch auf Riester-Zulage hat, weil er beispielsweise beruflich selbstständig oder im Ruhestand ist, und eine Instandhaltungsmaßnahme plant (→ auf Seite 68 die Erläuterung von Andreas Gernt), sollte mit kritischem Blick prüfen, ob auch ohne Riester-Zulage der Abschluss eines Bausparvertrags infrage kommt.

Für einen Arbeitnehmer stellt sich gegebenenfalls die Frage, ob er einen Riester-Bausparvertrag oder einen klassischen Bausparvertrag im Rahmen der **vermögenswirksamen Leistungen (vL)** abschließen oder außerhalb der vL-Sparraten noch Einzahlungen leisten sollte. Hier ist jedoch zu bedenken, dass aufgrund der engen Einkommensgrenzen bei der Arbeitnehmersparzulage der Fördergedanke mit den Eigenheimplänen oft nicht kompatibel ist: Wenn das Einkommen so niedrig ist, dass Anspruch auf Arbeitnehmersparzulage besteht, reichen die finanziellen Reserven häufig auch nicht aus, um später einmal eine Baufinanzierung zu stemmen. Wie die vermögenswirksamen Leistungen funktionieren, welche Anlageprodukte zur Wahl stehen und was Sie beachten sollten, lesen Sie im Kapitel „Altersvorsorge mit staatlicher Förderung" ab Seite 71.

Weitaus großzügiger sind die Einkommensgrenzen bei der **Wohnungsbauprämie** fürs Bausparen. Sie ist eine staatliche Förderleistung, die für das Bausparen gewährt wird. Prämienberechtigt sind Anleger ab 16 Jahren. Die Prämie wird nur auf Sparleistungen gezahlt, die nicht bereits schon mit Arbeitnehmersparzulage im Rahmen der vermögenswirksamen Leistungen (vL) gefördert worden sind. Jahressparleistungen von bis zu 512 Euro bei Ledigen und 1.024 Euro bei Ehepaaren werden mit 8,8 Prozent Wohnungsbauprämie aufgebessert. Hier liegt die Einkommensgrenze bei 25.600 Euro für Ledige und 51.200 Euro für Verheiratete. Dabei ist das zu versteuernde Jahreseinkommen der ausschlaggebende Faktor, sodass dank verschiedener Freibeträge und Sonderausgaben auch bei höherem Bruttoeinkommen eine Förderung möglich sein kann.

Um die Wohnungsbauprämie zu erhalten, muss bei der Auszahlung des Guthabens nachgewiesen werden, dass das Geld in die sogenannte wohnwirtschaftliche Verwendung fließt. Ausnahme: Für junge Sparer unter 25 entfällt die Zweckbindung für ihren ersten Bausparvertrag mit Wohnungsbauprämien-Anspruch.

HINTERGRUND

Was ist eine wohnwirtschaftliche Verwendung?

Zu einer wohnwirtschaftlichen Verwendung zählt nicht nur die Neu- oder Anschlussfinanzierung der selbst genutzten oder vermieteten Wohnimmobilie. Auch die Investition in Renovierung und Modernisierung wie etwa der Austausch von Fenstern oder die Isolierung des Dachs fallen in diese Kategorie. Ebenfalls problemlos ist der Erwerb von dauerhaften Wohn- und Nutzungsrechten wie beispielsweise der Einkauf in ein Seniorenstift.

Wohn-Riester: Bausparen mit Förderung

Bei der Finanzierung des selbstgenutzten Eigenheims kann eine Riester-Förderung auf unterschiedliche Weise integriert werden. Es gibt Finanzierungsmodelle mit Riester-Förderung, die entweder in Form von Bankdarlehen oder Bauspar-Sofortfinanzierungen gestaltet sind. Darüber hinaus können Sie aus jedem Riester-Sparvertrag Guthaben für den Eigenheimerwerb entnehmen, ohne Ihre Zulagenansprüche zu gefährden.

Bitte beachten Sie: In diesem Abschnitt geht es ausschließlich um **riester-geförderte Bausparverträge**, die zur Eigenkapitalbildung eingesetzt werden. Allgemeine Hinweise zur Riester-Förderung sowie Details zu anderen Riester-Anlageprodukten finden Sie im Kapitel „Altersvorsorge mit staatlicher Förderung“ ab Seite 71.

Beim Riester-Bausparen gibt es schon während der Ansparphase Riester-Zulage. Wenn der Vertrag später für die Finanzierung des Erwerbs der eigenen vier Wände eingesetzt wird, fließt die Förderung weiter für die Tilgung des Bauspardarlehens.

Allerdings gelten beim Wohn-Riester nicht nur die allgemeinen Regeln zum Riester-Sparen, die im Kapitel „Altersvorsorge mit staatlicher Förderung“ (→ Seite 71) erläutert werden. Darüber hinaus müssen Sie die speziellen Einschränkungen kennen, die mit diesem Förderweg verbunden sind. So dürfen Sie sowohl beim Ansparen als auch in der Finanzierungsphase die riester-geförderten Spar- oder Tilgungsbeträge ausschließlich für die **Finanzierung von selbstgenutztem Wohneigentum** verwenden. Wenn Sie Ihre Immobilie verkaufen oder vermieten, handelt es sich um eine förderschädliche Verwendung. Dann muss der Stand des Wohnförderkontos in dem Steuerjahr versteuert werden, in dem die Selbstnutzung aufgegeben wird. Dies können Sie umgehen, indem Sie wieder eine selbstgenutzte Immobilie erwerben oder den Betrag entsprechend dem Stand des Wohnförderkontos in einen anderen Riester-Vertrag einzahlen. Für den Erwerb einer alternativen selbstgenutzten Immobilie gelten folgende Fristen: zwei Jahre vor und fünf Jahre nach Aufgabe der Selbstnutzung. Ausnahmen gelten auch bei Wohnortwechsel aus beruflichen Gründen und vorübergehender Vermietung des Objekts.

Beim Wohn-Riester legt der Fiskus ein sogenanntes **Wohnförderkonto** an, auf dem die geförderten Einzahlungs- und Tilgungsbeträge dokumentiert und mit einem fiktiven Zins von 2 Prozent pro Jahr verzinst werden. Beim Renteneintritt wird der darauf angesammelte Betrag durch die bis zur Vollendung des 85. Lebensjahrs verbleibenden Jahre geteilt. Das Ergebnis muss dann jedes Jahr als Einkommen versteuert werden. Alternativ dazu können Sie auch den angesammelten Betrag sofort in voller Höhe als Einkommen versteuern – dann gewährt Ihnen das Finanzamt einen Nachlass von 30 Prozent.

Bausparen kann auch für Rentner lohnen

Andreas Gernt, Leiter des Referats Finanzdienstleistungen der Verbraucherzentrale Niedersachsen, rät: „Für Rentner mit Immobilieneigentum kann das Bausparen eine sinnvolle Geldanlage darstellen, wenn das zu versteuernde Einkommen innerhalb der Grenzen für die Wohnungsbauprämie liegt. Mit der staatlichen Prämie lässt sich die Rendite aufbessern und das Guthaben kann für Instandhaltungsarbeiten am Eigenheim verwendet werden. Allerdings sollte zur Reduzierung der Nebenkosten eine möglichst niedrige Vertragssumme gewählt werden, da im Rentenalter eine Kreditaufnahme meist nicht ratsam ist.“

Sie sehen also, dass die Wohn-Riester-Förderung vielschichtig und ein wenig kompliziert ist. Aber lohnenswert kann sie eben auch sein. Es bleibt im Einzelfall sehr genau zu prüfen, ob diese Variante für Sie günstig und welcher Weg sinnvoll ist. Bei einer Einschätzung hilft die Beratung der Verbraucherzentralen. Grundsätzlich gilt jedoch: Ratsam ist ein förderfähiger Bausparvertrag nur dann, wenn Sie damit wirklich einen Immobilienerwerb in der Zukunft vorbereiten wollen. Dabei sollte die Vertragssumme so bemessen sein, dass zum erwarteten Zeitpunkt des Immobilienkaufs der Vertrag zuteilungsreif ist und das ebenfalls förderfähige Bauspardarlehen abgerufen werden kann.

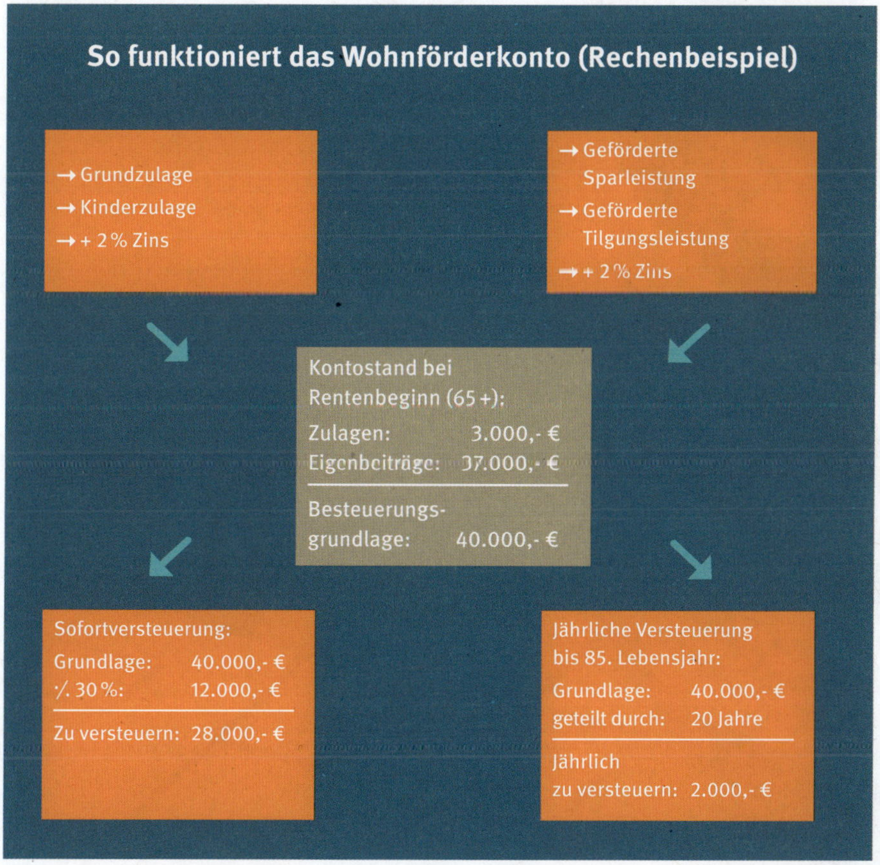

Altersvorsorge mit staatlicher Förderung

Um angesichts sinkender Leistungen der gesetzlichen Rentenkassen die Bürgerinnen und Bürger zur Bildung von eigenem Vorsorgekapital zu motivieren, fördert Vater Staat die private und betriebliche Altersvorsorge mit Zuschüssen und Steuervorteilen.

Zusätzliche Altersvorsorge ist angesichts der sinkenden Leistungen der gesetzlichen Rentenversicherung unabdingbar. Den Sparern stehen verschiedene Wege offen:

- der Erwerb von **selbstgenutztem Wohneigentum,** um im Rentenalter mietfrei zu wohnen und damit Lebenshaltungskosten einzusparen,
- der **Aufbau von Vermögen** mit Fonds, Wertpapieren oder Banksparplänen, um im Rentenalter mit den daraus erzielbaren Zins- oder Dividendenerträgen die gesetzliche Rente aufzubessern,
- das staatlich geförderte Riester- oder Rürup-Sparen mit dem Ziel der späteren Umwandlung des Guthabens in eine lebenslange **Zusatzrente**,
- die steuerlich begünstigte **betriebliche Altersvorsorge,** aus der ebenfalls einmal zusätzliche Renteneinkünfte erwartet werden können.

Dieses Kapitel befasst sich mit dem dritten und vierten Punkt, also der Riester-, Rürup- und Betriebsrente. Auch die vermögenswirksamen Leistungen (vL) werden erläutert. Diese zählen zwar streng genommen nicht zum Vorsorgesparen, bieten jedoch Arbeitnehmern die Chance, in kleinerem Umfang Vermögen mit finanzieller Unterstützung von Fiskus und Arbeitgeber aufzubauen.

→ **TIPP Einzahlungen sind „Hartz-IV-fest"**
Alle geförderten Einzahlungen in die erwähnten staatlichen Altersvorsorgemodelle von Riester bis zur betrieblichen Altersvorsorge sind mit Ausnahme der vermögenswirksamen Leistungen (vL) „Hartz-IV-fest". Sie werden also beim Bezug von Arbeitslosengeld II bei der Vermögensprüfung nicht angerechnet!

Riester-Rente

Das Riester-Sparen ist in erster Linie für Arbeitnehmer gedacht. Allerdings ist der Kreis der Förderberechtigten über die klassische Voll- oder Teilzeitanstellung erweitert.

Zum Kreis der förderungswürdigen Personen zählen nämlich auch Empfänger von sogenannten Lohnersatzleistungen. Darunter fallen Krankengeld, Arbeitslosengeld I und Arbeitslosengeld II. Auch Eltern, die Erziehungsurlaub bis zum dritten Lebensjahr des Kindes in Anspruch nehmen, geringfügig Beschäftigte, die eigene Beiträge in die gesetzliche Rentenversicherung leisten, sowie Wehr- und Zivildienstleistende zählen laut Rentenreform zu den Geförderten.

Sogar Selbstständige werden in Ausnahmefällen gefördert – etwa Handwerker oder Landwirte, die in der gesetzlichen Rentenversicherung pflichtversichert sind, oder Künstler, Grafiker, Schriftsteller etc., die in der Künstlersozialkasse (KSK) pflichtversichert sind.

Nicht zum geförderten Personenkreis gehörende Personen können außerdem über einen „Huckepack-Vertrag" in die Förderung rutschen, wenn sie mit einer förderberechtigten Person verheiratet sind und diese einen Riester-Vertrag bespart. Einzige Bedingung: Jeder Ehepartner oder Lebenspartner einer eingetragenen Lebenspartnerschaft braucht einen eigenen Vertrag und der „Huckepack-Geförderte" muss auf seinen Vertrag mindestens 60 Euro pro Jahr selbst einzahlen.

Die Förderung erfolgt hauptsächlich in Form der Riester-Zulage (→ Kasten rechts).

FINANZEN

Riester-Zulage: Wer bekommt wie viel?

Riester-Zulage gibt es für Sparraten in Höhe von 4 Prozent des Jahreseinkommens. Ausschlaggebend dafür ist jeweils das sozialversicherungspflichtige Einkommen des Vorjahrs. Jeder geförderte Riester-Sparer erhält zunächst einmal die Grundzulage von maximal 154 Euro pro Jahr. Ehepaare und Paare einer eingetragenen Lebenspartnerschaft können die doppelte Zulage kassieren. Dies gilt auch dann, wenn nur ein Partner berufstätig ist – allerdings nur unter der Voraussetzung, dass beide Ehepartner jeweils getrennte Sparverträge abschließen. Dazu kommen für jedes Kind noch gesonderte Zulagen von 185 Euro. Für Kinder, die ab 2008 geboren wurden bzw. werden, sogar 300 Euro. Beträgt die Summe aus eigener Sparrate und staatlicher Zulage weniger als 4 Prozent des Einkommens, werden die Zulagen anteilig gekürzt.
Für junge Riester-Sparer unter 25 gibt es einen einmaligen Bonus. Die erste Zulage wird um 200 Euro erhöht. Mithilfe der staatlichen Zulagen kann jedoch der Eigenanteil nicht beliebig nach unten gedrückt werden. Ein Eigenbetrag von mindestens 60 Euro pro Jahr ist erforderlich, um die volle Förderung zu erhalten – das betrifft vor allem Riester-Sparer mit niedrigem Einkommen wie zum Beispiel Auszubildende oder auch Arbeitslosengeld-II-Bezieher. Die Zulagegutschrift erfolgt dann automatisch, wenn der Sparer bei seinem Riester-Anbieter einen Dauerzulagenantrag eingerichtet hat.

Darüber hinaus können die Aufwendungen für die private Altersvorsorge im Rahmen eines eigens für die Riester-Rente geschaffenen Sonderausgabenabzugs steuerlich geltend gemacht werden. Maximal werden vom Finanzamt Beträge in Höhe von 2.100 Euro im Jahr anerkannt. Sofern Sie riestern, sollten Sie nicht vergessen, bei der Einkommensteuererklärung die „Anlage AV“ einzureichen. Das Finanzamt prüft dann automatisch, ob die Steuerersparnis aus den Sonderausgaben höher ist als die bereits gezahlte Zulage. Ist dies der Fall, wird die Differenz im Rahmen der Steuerrückerstattung ausgezahlt. Am ehesten profitieren Sparer mit Kindern und solche, die für ihre Altersvorsorge Hartz-IV-Schutz suchen, sowie wegen des Steuervorteils Sparer mit hohem zu versteuerndem Einkommen.

Jedes Riester-Produkt muss zertifiziert werden, bevor es unter diesem Begriff angeboten werden darf. Dafür müssen die folgenden Voraussetzungen erfüllt werden:

- Die Auszahlung darf frühestens mit **Beginn der Altersrente** oder ab dem 60. Lebensjahr erfolgen – und zwar überwiegend nur in Form einer regelmäßigen Rente. Maximal 30 Prozent des angesparten Kapitals können bei Renteneintritt auf einen Schlag ausgezahlt werden. Bei Vertragsabschluss ab 2012 darf die Rente frühestens ab 62 abgerufen werden.
- Die **Erhaltung des eingezahlten Kapitals** nebst Zulagen muss zum Renteneintritt garantiert werden (Beitragsgarantie), ebenso zumindest jährlich gleichbleibende Rentenauszahlungen.
- Der Sparer muss vor dem Abschluss über die Kosten sowie die Fördermöglichkeiten informiert werden und während der Laufzeit **jährliche Kontoauszüge** erhalten.

Für das Riester-Sparen kommen verschiedene Produktarten infrage. Man unterscheidet „Geld-Riester"- und „Wohn-Riester"-Produkte. Wohn-Riester bietet diverse Möglichkeiten. Die laufende Tilgung eines Riester-Immobiliendarlehens wird gefördert. Außerdem kann aus einem Geld-Riester-Produkt für die Anschaffung oder Entschuldung einer Immobilie Kapital entnommen werden. Gleiches gilt für Entnahmen für Sondertilgungen. Die Funktionsweise von Wohn-Riester mit Bausparverträgen wird im Kapitel „Sparen auf die eigenen vier Wände" ab Seite 59 erläutert. Als Geld-Riester-Produkte gelten das Versicherungssparen, das Fondssparen, Banksparverträge und Bausparverträge in der Ansparphase.

Riester-Versicherungssparen

Versicherungssparpläne mit Riester-Förderung entsprechen im Wesentlichen privaten Rentenversicherungen – allerdings mit einer wichtigen Einschränkung: Während bei der herkömmlichen Rentenversicherung das gesamte Guthaben bei Rentenbeginn ausgezahlt werden kann, ist bei der Riester-Variante nur die Auszahlung von maximal 30 Prozent möglich. Riester-Rentenversicherungen sind am populärsten, doch die Kostenbelastung kann aufgrund der Vertriebs- und Verwaltungskosten recht hoch sein.

Eine Riester-Rentenversicherung gibt es in klassischer Form. Dabei werden die Einzahlungen abzüglich der Kosten mit dem Garantiezins von 0,9 Prozent bei Abschluss ab 2017 verzinst. Darüber hinaus werden Überschüsse konservativ angelegt. Bei der Variante „mit geringem Fondsanteil" werden die Überschüsse in Investmentfonds angelegt. Dann gibt es noch die Variante „mit hohem Fondsanteil". Die Garantieverzinsung entfällt hier. Der Beitrag wird zu einem geringen Teil sicher angelegt, um die Beitragsgarantie zu erfüllen. Der Rest der Einzahlungen wird vollständig in Investmentfonds investiert.

Die Riester-Rentenversicherung ist oder war die beliebteste Geld-Riester-Produktart. Im dritten Quartal 2016 bestanden 66 Prozent aller Riester-Verträge als Versicherungen, 19 Prozent als Fondssparverträge; Bausparen- und Wohn-Riester-Verträge kommen auf rund 10 Prozent und Banksparpläne auf 4,7 Prozent von insgesamt 16,5 Millionen Riester-Verträgen.

Todesfallschutz besonders wichtig

Elke Weidenbach, Versicherungsexpertin der Verbraucherzentrale NRW, warnt: „In der Praxis fällt immer wieder auf, dass der Todesfallschutz bei einer Riester-Rentenversicherung vernachlässigt wird – mit teils dramatischen Konsequenzen. Laut Gesetz ist die Riester-Rente bei Tod des Ehegatten vor dem 85. Lebensjahr übertragbar. Bei Riester-Rentenversicherungen bedarf es dazu aber einer eigenen Vertragsklausel, der Rentengarantiezeit. Bei keiner oder nur kurzer Rentengarantiezeit ist die Gefahr groß, dass im Rentenalter der hinterbliebene Ehepartner unversehens mit Einkommenseinbußen konfrontiert wird."

CHECKLISTE

Riester-Rentenversicherung

- Machen Sie sich vor Abschluss einer Riester-Rente Gedanken über die **Hinterbliebenenabsicherung.**
- Ist der Partner im Rentenalter auf die **gemeinsame Zusatzrente** angewiesen? Dann scheidet eine Rentenversicherung eher aus.
- **Vergleichen Sie** echte Klassik-Riester-Rentenversicherungen anhand der Garantierente.
- Analysieren Sie eine bereits bestehende Riester-Rentenversicherung bezüglich des **Todesfallschutzes.**
- Nutzen Sie zur Entscheidungsfindung die **Beratung der Verbraucherzentralen** (→ Adressen Seite 198) und Produkttests von *Finanztest* oder *Ökotest*.

Doch bei den Versicherungsmodellen gibt es viele Varianten. Es ist ein wahrer Dschungel. Die alte klassische Rentenversicherung mit Garantiezins wird von immer weniger Versicherern angeboten. Viel häufiger werden Produkte entweder auf Fondsbasis oder mit verminderter Garantie offeriert. Anbieter argumentieren, dass dafür die Chancen auf höhere Erträge besser sind – was zu beweisen wäre. Fondsgebundene Produkte sind wegen ihrer Kostenstruktur in der Regel selten zu empfehlen.

Für den Neuabschluss einer echten Klassikversicherung mit einem Garantiezins von 0,9 Prozent ist sehr kritisch zu prüfen, ob dies überhaupt eine geeignete Anlageform für eine langfristige Altersvorsorge ist. Bei älteren bestehenden Verträgen kann es besser aussehen. Dazu mehr im Kapitel „Bewertung und Optimierung bestehender Geldanlagen" ab Seite 173.

Banksparen

Das Riester-Banksparen funktioniert wie ein Ratensparvertrag, mit einer variablen Verzinsung und – je nach Anbieter – zusätzlichen Boni oder Prämien. Bei Eintritt ins Rentenalter hat der Anleger die Wahl: Entweder wird das angesparte Guthaben in eine private Rentenversicherung eingezahlt, die sofort mit der Rentenauszahlung beginnt, oder es wird nur eine kleine Rentenversicherung abgeschlossen, die für die Rente ab dem 85. Lebensjahr aufkommt. Bis dahin fließt die Rente aus einem Auszahlplan bei der Bank. In jedem Fall ist eine lebenslange Rentenzahlung gesichert – dies ist eine Bedingung für die Zertifizierung.

Diese Form des Riesterns ist nicht so bekannt. Das liegt unter anderem auch daran, dass man nach Anbietern suchen muss. Keine der Großbanken beispielsweise hat einen Banksparplan im Angebot. Es sind eher kleine Sparkassen und Genossenschaftsbanken, die dieses Riester-Modell anbieten.

→ TIPP Profitieren Sie von günstigen Nebenkosten

Für Anleger hingegen bieten Banksparpläne einige Vorteile: Sie sind sicher, verständlich und kostengünstig. Anders als bei einer Rentenversicherung wird aber keine konkrete Zinshöhe garantiert. Daher kann auch keine Rente garantiert werden. Banksparpläne bieten also nur Prognosen. Andererseits ist ihr Kostenvorteil gegenüber Rentenversicherungen immens: In der Regel entstehen jährliche Kosten von nur 10 bis 15 Euro.

Im Augenblick tut sich einiges am Markt. Anfang 2017 haben fast alle Anbieter von Riester-Banksparplänen den Vertrieb neuer Produkte eingestellt. Auch Anbieter von Riester-Rentenversicherungen ziehen sich teils

zurück. Sie begründen dies mit der langanhaltenden Niedrigzinsphase, der zu gewährenden Beitragsgarantie und neuem umfangreicheren administrativen Aufwand. Wenn Sie riestern wollen, sollten Sie sich einen aktuellen Überblick über die verbleibenden Angebote und gegebenenfalls auch gesetzliche Änderungen verschaffen. Nützliche Informationsquellen:

- die Websites der Verbraucherzentralen, www.verbraucherzentrale.de
- www.finanztest.de
- www.oekotest.de
- www.finanztip.de

Fondssparen

Riestern ist auch mit reinen Fondssparplänen möglich. Dies birgt zunächst einmal das Risiko, dass das Kapital der Anleger während der Laufzeit bis zum Renteneintritt den Schwankungen an den Kapitalmärkten ausgesetzt ist. Die Erhaltung des eingezahlten Guthabens nämlich ist nur zum Zeitpunkt des Renteneintritt garantiert, nicht aber während der restlichen Ansparphase. Da kann es durchaus vorkommen, dass in schlechten Börsenjahren auch mal zwischendurch zweistellige Minusrenditen anfallen.

Andererseits bietet diese Anlageform mitunter deutlich höhere Ertragschancen als die anderen Riester-Produkte. Es gibt am Markt nur wenige reine Riester-Fondssparpläne. Die Palette reicht von reinen Aktienfondssparplänen für Risikofreudige bis hin zu Mischfonds mit mehr oder weniger hoher Aktienquote. Um die Beitragsgarantie zu Rentenbeginn zu erfüllen, wird entweder im Rahmen eines Lebenszyklusmodells der Aktienanteil im Lauf der Zeit immer weiter abgeschmolzen, je näher der Anleger dem Renteneintritt kommt. Oder es wird dynamisch zwischen Aktien- und Renten- oder Mischfonds umgeschichtet. Mit automatischen Umschichtungen und diversen Absicherungsmechanismen wird das Verlustrisiko zum Ende hin auf ein Minimum reduziert. Der Anbieter steht für die Beitragsgarantie ein.

→ **TIPP Achten Sie auf die Kosten!**
Riester-geförderte Fondssparpläne weisen ähnliche Kosten wie ungeförderte Fondssparpläne auf. Es gibt den Ausgabeaufschlag, der bei jedem Erwerb von Anteilen zu bezahlen ist, und die Fonds weisen interne Verwaltungskosten aus. Hinzu kommen das Depotentgelt und jährlich pauschale Gebühren von zumeist 10 bis 15 Euro. Um die Kosten zu senken, ist es empfehlenswert, einen Fondssparplan bei Discount-Fondsvermittlern abzuschließen. Diese bieten meist erhebliche Rabatte auf den Ausgabeaufschlag.

Mehrkosten bei fondsgebundenen Versicherungen
Andreas Gernt, Leiter des Referats Finanzdienstleistungen der Verbraucherzentrale Niedersachsen, warnt vor Fondssparplänen im Versicherungsmantel: „Häufig empfehlen Finanzvermittler und Banken statt eines reinen Riester-Fondssparplans den Abschluss einer fondsgebundenen Riester-Versicherung. Hierbei handelt es sich um einen Versicherungssparplan, bei dem der Sparanteil in Investmentfonds fließt. Für den Anleger ergeben sich daraus kaum Vorteile, sondern eher gravierende Mehrkosten. Denn die Vertriebs- und Verwaltungskosten sind meist deutlich höher als beim klassischen Fondssparen. Wer mit Fonds riestern will, sollte sich daher ausdrücklich nur reine Fondssparpläne und keine fondsgebundenen Versicherungen anbieten lassen."

Rürup-Rente

Die offizielle Bezeichnung im Gesetz lautet zwar „Basisrente", doch im allgemeinen Sprachgebrauch hat sich bei diesem Vorsorgemodell die Bezeichnung nach dessen

Erfinder, dem ehemaligen Wirtschaftsweisen Bert Rürup, eingebürgert. Während die Riester-Rente speziell auf Arbeitnehmer zugeschnitten ist, kommt die Rürup-Rente eher bei Selbstständigen zum Einsatz. Zwar kann sie auch von Arbeitnehmern abgeschlossen werden, sie bietet jedoch im Vergleich zu Riester-Rente und betrieblicher Altersvorsorge weniger Flexibilität und oft auch eine geringere staatliche Förderung. Gefördert wird durch Steuervorteile. Dafür müssen Rürup-Verträge Bedingungen erfüllen:

- Die Auszahlung darf ausschließlich in Form einer **lebenslangen Leibrente** frühestens ab dem 62. Geburtstag erfolgen. Für Verträge, die vor 2012 geschlossen wurden, kann die Rente ab dem 60. Geburtstag abgerufen werden.
- **Ansprüche aus dem Vertrag** dürfen nicht vererblich, nicht beleihbar, nicht veräußerbar und nicht kapitalisierbar oder übertragbar sein.

Bei der Kapitalanlage gibt es unterschiedliche Varianten. Der Gesetzgeber erlaubt dieselben Produktgruppen wie bei Geld-Riester, also Banksparen, Fondssparen und Versicherungen. Rürup-Förderung könnte auch im Rahmen der betrieblichen Altersförderung genutzt werden; das kommt in der Praxis aber nur ganz selten vor. Auf dem Markt werden am häufigsten Rentenversicherungen angeboten. Bei der klassischen Rürup-Rentenversicherung wird während der Ansparphase das Kapital nach Abzug von Abschluss- und Vertriebskosten von der Versicherungsgesellschaft vorrangig in sichere Anlagen wie Anleihen und Immobilien investiert, ein kleiner Teil kann auch in Aktien und Fonds fließen. Es existieren jedoch auch wie bei Riester fondsgebundene Versicherungen mit geringem und hohem Fondsanteil. Je nach Anbieter gibt es Fondspolicen entweder mit der Zusicherung des Kapitalerhalts oder als reine Fondsanlage, bei der die Anleger das volle Kapitalmarktrisiko tragen. Eine Beitragsgarantie wie bei Riester ist gesetzlich nicht vorgeschrieben.

ACHTUNG

Keine Kapitalauszahlung möglich

Am Ende der Ansparphase kann das Rürup-Guthaben nicht wie bei einer herkömmlichen Privatrentenversicherung auf einen Schlag oder auch nur teilweise ausgezahlt werden. Die Auszahlung ist nur in Form einer lebenslangen Leibrente möglich, mit dem Tod des Versicherten ist das gesamte eingezahlte Guthaben verloren.

Gegen Aufpreis lassen sich die Absicherung von Hinterbliebenen durch die Weiterzahlung der Rente nach dem Tod des Versicherten an den Ehepartner oder Partner einer eingetragenen Lebenspartnerschaft und Waisenrenten-berechtigte Kinder sowie die Absicherung gegen Berufsunfähigkeit integrieren.

Alternativ zu einem Ansparprodukt für eine zusätzliche Altersrente können auch Beiträge ausschließlich für die Absicherung gegen den Eintritt der Berufsunfähigkeit oder einer verminderten Erwerbsfähigkeit aufgewendet werden. Gefördert werden solche Zahlungen nur, wenn der Vertrag die Zahlung einer monatlichen lebenslangen Leibrente für einen Versicherungsfall vorsieht, der bis zur Vollendung des 67. Lebensjahres eingetreten ist.

Beim Ansparen gelten die gleichen steuerlichen Regelungen wie bei den Beiträgen für die gesetzliche Rentenversicherung. Zunächst einmal steht Ledigen ein Höchstbetrag für die Altersvorsorge von 23.362 Euro pro Jahr zur Verfügung, bei Verheirateten sind es 46.724 Euro. Bis zu dieser Obergrenze können Sie nach dem Alterseinkünftegesetz Einzahlungen in berufsständische Versorgungswerke, gesetzliche Rentenversicherung und Rürup-Sparpläne von der Steuer absetzen – allerdings nur zu einem bestimmten Prozentbetrag. Dieser liegt für das Jahr 2017 bei 84 Prozent. Das heißt konkret: Sie können als Verheirateter Einzahlungen bis zu 46.724 Euro zu 84 Prozent geltend machen, die tatsächliche Grenze liegt somit für 2017 bei 39.248 Euro. Jährlich erhöht sich der Satz um 2 Prozent, sodass erst ab dem Jahr 2025 die Beiträge in voller Höhe abgesetzt werden können.

Dafür werden die Auszahlungen im Rentenalter genauso behandelt wie die Altersrente aus der gesetzlichen Rentenversicherung. Je nachdem, in welchem Jahr Sie in den beruflichen Ruhestand treten und die Auszahlungen beginnen lassen, müssen Sie für den Rest Ihres Lebens einen bestimmten Prozentsatz der Renteneinkünfte versteuern. Bei Rentenbeginn im Jahr 2020 liegt der Satz bei 80 Prozent und für jeden Rentenbeginn ein Jahr später steigt der Satz um einen Prozentpunkt. Neurentner ab dem Jahr 2040 müssen ihre Rente in voller Höhe versteuern.

Die Rürup-Rente scheint wegen des Steuersparpotenzials für einige Anleger lohnenswert. Insbesondere Selbstständige mit einer hohen Steuerlast werden von dieser staatlich geförderten Altersvorsorge angesprochen. Nichtsdestotrotz sollten Sie sich nicht von dem Steuerargument allein leiten lassen. Der Versicherungsvertrag muss auch ohne die Steuerersparnis überzeugen. Und das ist mit Hilfe von Tests aus *Finanztest* oder *Ökotest* genau zu prüfen.

→ **TIPP Auf Flexibilität achten**

Beim Vergleichen verschiedener Rürup-Rentenangebote sollten Sie nicht nur die Finanzstärke des Anbieters und die Renditeaussichten berücksichtigen, sondern auch die Flexibilität bei den Einzahlungen. Nicht alle Anbieter ermöglichen ihren Kunden flexible Einzahlungen, die von Jahr zu Jahr unterschiedlich hoch ausfallen können. Gerade für Selbstständige mit oft stark schwankendem Einkommen ist es jedoch wichtig, bei der Altersvorsorge nicht an einen starren Vertrag gebunden zu sein.

Wenn die Rentenbezugsphase mitberücksichtigt wird, sind die Ergebnisse eher ernüchternd. Dies liegt zum einen daran, dass in der Rentenphase laufende Verwaltungskosten bezahlt werden müssen, zum anderen kalkulieren die Versicherer die Rentenhöhe sehr vorsichtig, schließlich muss das Versprechen einer lebenslangen Rente erfüllt werden. Die Versicherer nehmen als Grundlage allerdings nicht die tatsächliche Lebenserwartung der Deutschen laut Statistischem Bundesamt, sondern eigene „Sterbetafeln", wonach die Menschen deutlich älter werden. Im Schnitt wird mit einer sieben bis elf Jahre längeren Lebenserwartung kalkuliert.

CHECKLISTE

Rürup-Rente

Sollten Sie sich nach Rücksprache mit dem Steuerberater für die Rürup-Rente entscheiden, so gilt es insbesondere folgende Punkte zu beachten:

- Wählen Sie je nach **Risikoneigung** die klassische oder fondsgebundene Variante.
- Bei der **fondsgebundenen Variante** tragen Sie das volle Risiko. Eine Beitragsgarantie wie bei der Riester-Rente ist vom Gesetzgeber nicht vorgesehen, wird jedoch vereinzelt angeboten.
- **Vertragszusätze** wie Hinterbliebenen- und Berufsunfähigkeitsschutz schmälern die Rendite zusätzlich. Trennen Sie Risikoabsicherung und Sparen fürs Alter!
- **Vergleichen Sie** Klassiktarife anhand der Garantierente!

Hinterfragen Sie außerdem die Flexibilität des Vertrags. Lesen Sie dazu in den Versicherungsbedingungen nach,

- ob Sie die **Beitragshöhe** verändern können,
- ob Sie jährlich **flexible Zuzahlungen** leisten können,
- ob eine **zinslose Stundung** der Beiträge möglich ist,
- ob ein **Anbieterwechsel** möglich ist,
- ob eine **Beitragsfreistellung** jederzeit möglich ist oder nur, wenn eine bestimmte Mindestrente erreicht ist.

Entsprechend gering muss die Rente ausfallen, damit sie ausreicht und der Versicherer im Zweifel nicht draufzahlt.

Mitunter kann es sinnvoller sein, statt in eine private Rürup-Rente freiwillige Einzahlungen in die deutsche Rentenversicherung vorzunehmen. Die Förderung ist identisch. Vergleichen Sie die „garantierten" Renten und den Hinterbliebenenschutz. Beachten Sie: Pflichtversicherte in der gesetzlichen Krankenversicherung müssen zwar auf die gesetzliche Rente Kranken- und Pflegeversicherungsbeiträge abführen, aber mitunter kann dies trotz allem insbesondere für ältere Anleger rentierlicher sein als eine private Rürup-Rentenversicherung.

Für Riester-und Rürup-Verträge sind seit 2017 Produktinformationsblätter vorgesehen, die die Transparenz erhöhen und den Vergleich vereinfachen sollen. Achten Sie vor Abschluss darauf, dass Ihnen diese Information ausgehändigt wird, und lesen Sie diese sorgfältig durch.

Betriebliche Altersvorsorge

Unter dem Begriff der „betrieblichen Altersvorsorge“ werden alle Maßnahmen zusammengefasst, bei denen entweder vom Arbeitgeber oder vom Arbeitnehmer vor der Lohnauszahlung Beträge auf ein Anlagekonto für die Altersvorsorge fließen. Möglich sind hierbei die auf den folgenden Seiten erläuterten Anlageformen Direktzusage, Direktversicherung, Pensionskasse, Pensionsfonds und Unterstützungskasse. Unabhängig davon, in welche Anlageform das Geld fließt, ist zunächst einmal zwischen der unternehmensfinanzierten und der arbeitnehmerfinanzierten Altersvorsorge zu unterscheiden.

Unternehmensfinanzierte Altersvorsorge

Auf freiwilliger Basis kann das Unternehmen seinen Arbeitnehmern bei der Bildung von Vorsorgekapital helfen. Je nach Betriebszugehörigkeit, Einkommen und Leistung haben Sie einen Anspruch auf eine spätere Rentenzahlung von Ihrem Arbeitgeber. Zu unterscheiden sind hierbei die Leistungszusage und die Beitragszusage.

→ **Leistungszusage:** Hier wird Ihnen eine bestimmte Vorsorgeleistung zugesagt, beispielsweise eine jährliche Rente ab dem 65. Lebensjahr von 50 Euro pro Jahr der Betriebszugehörigkeit. Wenn Sie in diesem Beispiel 25 Jahre lang beim selben Arbeitgeber beschäftigt sind, haben Sie dann einen Anspruch auf 1.250 Euro Jahresrente. Die Leistungszusage kann auch als Prozentsatz des Monats- oder Jahreseinkommens festgelegt werden, sodass Ihre spätere Betriebsrente sowohl von der Dauer der Betriebszugehörigkeit als auch von der Höhe Ihres Arbeitslohns abhängt. Ebenso können Extrazusagen beim Erreichen bestimmter Leistungsziele in das Modell einfließen.

→ **Beitragszusage:** Diese Zusage bezieht sich auf die Einzahlung des Arbeitgebers in einen Vorsorgesparvertrag. Diese Zusage könnte beispielsweise in der Form gestaltet sein, dass für langjährige Betriebsangehörige jährlich ein bestimmter Betrag in einen der zuvor genannten betrieblichen Vorsorgeverträge eingezahlt wird. Wie hoch Ihre spätere Betriebsrente dann ausfällt, hängt hier auch davon ab, wie viel Rendite das Vorsorgemodell erwirtschaftet.

Die Zusagen beziehen sich immer nur auf das jeweils aktuelle Jahr Ihrer Betriebszugehörigkeit. Einen Anspruch auf Versorgungsleistungen für die zukünftigen Jahre Ihrer Betriebszugehörigkeit haben Sie nicht. Außerdem sind auch die Ansprüche der Vergangenheit erst sicher, wenn die „Unverfallbarkeit" eintritt. Dann nämlich kann die Betriebsrente nicht mehr rückwirkend gestrichen werden, wenn Sie das Unternehmen verlassen. Unverfallbar sind Versorgungsansprüche in der Regel dann, wenn die Versorgungszusage seit mindestens fünf Jahren besteht und Sie beim Ausscheiden aus dem Unternehmen das 25. Lebensjahr vollendet haben. Dies gilt für Abschlüsse ab 2009.

Arbeitnehmerfinanzierte Altersvorsorge

Im Gegensatz zur unternehmensfinanzierten Altersvorsorge haben Sie als Arbeitnehmer einen Rechtsanspruch darauf, einen Teil Ihres regulären Gehalts in Einzahlungen für die Altersvorsorge umzuwandeln. Auch hier stehen Ihnen die eingangs genannten Anlageformen zur Verfügung. Als Förderung kommen die Riester-Förderung (oder auf betrieblicher Ebene auch „Nettoentgeltumwandlung" genannt) und die Bruttoentgeltumwandlung infrage. Rürup wäre auch möglich, spielt in der Praxis der betrieblichen Altersvorsorge aber nur eine untergeordnete Rolle. Die Riester-Förderung ist lediglich für die Durchführungswege Pensionsfonds, Pensionskasse und Direktversicherung möglich. Die Riester-Förderung wurde bereits auf den vorhergehenden Seiten erläutert, daher widmen wir uns hier der Bruttoentgeltumwandlung.

€ FINANZEN

So funktioniert die Bruttoentgeltumwandlung

Bis zu 4 Prozent der im jeweiligen Kalenderjahr geltenden Beitragsbemessungsgrenze (im Jahr 2017 sind dies 76.200 Euro) für die gesetzliche Rentenversicherung (West) können Sie auf jeden Fall in die Gehaltsumwandlung einbringen – je nach Modell auch noch etwas mehr. Die Umwandlung erfolgt aus dem Bruttogehalt und wird weder versteuert noch mit Sozialabgaben belegt. Weitere 1.800 Euro pro Jahr können Sie aus Ihrem Bruttogehalt steuerfrei, aber sozialversicherungspflichtig in eine Direktversicherung, eine Pensionskasse oder einen Pensionsfonds einzahlen. Dies allerdings nur, wenn nicht schon eine pauschal versteuerte Direktversicherung existiert.

Im Gegensatz zur unternehmensfinanzierten Altersvorsorge können Ansprüche aus der Gehaltsumwandlung nicht verfallen – es ist ja Ihr eigenes Geld, das Ihnen sonst rechtmäßig als Gehalt zugestanden hätte. Dennoch gibt es auch hier eine Verlustfalle. Wenn Sie häufig den Job wechseln und Ihr Guthaben zwischen verschiedenen Anbietern umschichten, schmälern neue Abschlusskosten Ihr Kapital.

Bei den Durchführungswegen Pensionskasse, Direktversicherung und Pensionsfonds haben Sie einen Rechtsanspruch darauf, das gebildete Vermögen zum neuen Arbeitgeber zu übertragen.

→ **TIPP Nach Ausnahmeregelung fragen**
Fragen Sie bei einem Jobwechsel Ihren neuen Arbeitgeber, ob die Weiterführung der Gehaltsumwandlung beim bisherigen Anbieter möglich ist. Er ist zwar nicht dazu verpflichtet, neue Anbieter in sein „Sortiment" aufzunehmen – aber auf freiwilliger Basis kann so eine Ausnahme schon einmal gestaltet werden.

Für die betriebliche Altersvorsorge per Gehaltsumwandlung sind nur Anlageprodukte zulässig, die bestimmte Kriterien erfüllen. So muss beispielsweise die Auszahlung des Guthabens stets in Form einer lebenslangen Altersrente erfolgen. Unschädlich ist eine Teilkapitalentnahme von 30 Prozent zu Beginn der Auszahlungsphase oder unter bestimmten Bedingungen die Einmalauszahlung des zur Verfügung stehenden Kapitals. Möglich sind fünf Anlageformen.

→ **Direktversicherung:** Das ist im Prinzip eine herkömmliche private Rentenversicherung – sofern die Auszahlung als lebenslange Rente vorgesehen ist. Man kann sich aber die Option auf eine Kapitalabfindung in voller Höhe oder auf eine Teilauszahlung von 30 Prozent einbauen lassen. Die Auszahlungen sind jeweils in voller Höhe steuerpflichtig. Die volle Steuerpflicht gilt für Auszahlungen aus Direktversicherungen, die nach dem 31. Dezember 2004 abgeschlossen wurden. Bei Vertragsabschlüssen vor 2005 handelt es sich in der Regel um pauschalversteuerte Direktversicherungen. Bei solchen Verträgen sind Kapitalabfindungen steuerfrei, Renten nur mit dem geringen Ertragsanteil zu versteuern. Unabhängig vom Vertragsabschluss gilt für gesetzlich Pflichtversicherte in der Krankenversicherung, dass auf die Auszahlung neben den Steuern der volle Satz Kranken- und Pflegeversicherung abzuführen ist.

→ **Pensionskasse:** Das ist entweder ein Versicherungsverein auf Gegenseitigkeit (VVaG) oder eine AG, die speziell für Betriebe Altersvorsorgegelder verwaltet.

Ähnlich wie eine Lebens- oder Rentenversicherung müssen auch Pensionskassen die eingezahlten Guthaben sicherheitsorientiert anlegen. Darüber hinaus gelten die gleichen Regeln wie bei Direktversicherungen.

→ **Pensionsfonds:** Im Gegensatz zu Versicherungsunternehmen oder Pensionskassen dürfen Pensionsfonds höhere Aktienanteile in ihren Anlagemix aufnehmen. Damit haben sie bessere Renditechancen, gehen aber auch höhere kurzfristige Schwankungsrisiken ein. Es sind aber zumindest die Einzahlungen gesichert.

→ **Unterstützungskasse:** Eine Unterstützungskasse ist ein von einem oder mehreren Unternehmen getragener Vorsorgeverein, der praktisch als Vehikel für viele Arten der Anlage von betrieblichen Rentengeldern dienen kann. Oft fließt das Geld an Versicherungen, manche Unterstützungskassen leiten das Geld auch in riskantere Aktienfonds weiter.

→ **Direktzusage:** Bei dieser Variante nimmt das Unternehmen die Verwaltung seiner Betriebsrenten selbst in die Hand. In der Bilanz müssen für die Ansprüche der Arbeitnehmer entsprechende Rückstellungen gebildet werden, und in der Praxis werden diese häufig mit festverzinslichen Wertpapieren, Aktien oder Fonds hinterlegt.

! ACHTUNG

Der Arbeitgeber hat das Wahlrecht

Als Arbeitnehmer können Sie sich nicht aussuchen, welche Anlageform für Ihre Gehaltsumwandlung verwendet werden soll – Sie müssen das Produkt nehmen, das Ihnen Ihr Arbeitgeber anbietet. Wenn Ihnen eine risikoreiche Anlageform mit hohem Aktienanteil offeriert wird, müssen Sie aufgrund der Haftung des Arbeitgebers gleichwohl nicht befürchten, dass Sie damit Ihre Betriebsrente verspekulieren.

Sie haben bei der betrieblichen Altersvorsorge einen Anspruch darauf, dass Ihnen die Erhaltung Ihrer eingezahlten Beiträge zur Auszahlung im Rentenalter garantiert wird. Dafür ist im ersten Schritt der Anbieter des jeweiligen Vorsorgeprodukts zuständig. Wenn dieser Verluste einfährt und keinen Ausgleich leisten kann, muss Ihr Arbeitgeber einspringen und die Lücke aus dem Betriebsvermögen auffüllen.

Selbst wenn Ihr Arbeitgeber bis dahin pleitegegangen wäre, hätten Sie noch ein weiteres Auffangnetz: Bei Pensionsfonds, Unterstützungskassen und Direktzusagen müssen alle unverfallbaren Anwartschaften auf Betriebsrenten von den Arbeitgebern über eine Mitgliedschaft im Pensions-Sicherungs-Verein (PSV) versichert werden. Die Unternehmen müssen abhängig von der Höhe der zugesagten Renten Beiträge zahlen, die im Umlageverfahren an die Berechtigten ausgezahlt werden, deren Arbeitgeber insolvent geworden ist. Damit fungiert der PSV praktisch als Feuerwehrfonds für die Betriebsrenten-Guthaben. Bei den anderen beiden Modellen – Direktversicherung und Pensionskassen – handelt es sich ja um Versicherungen, die einer strengen staatlichen Aufsicht unterliegen; das Risiko einer Insolvenz ist damit gering und selbst wenn der Fall eintritt, greift die Auffanggesellschaft Protektor.

Für Anleger, die einen Berufsunfähigkeitsschutz benötigen, den sie aufgrund von Vorerkrankungen privat nicht absichern können, kann die betriebliche Altersvorsorge von Vorteil sein. Manchmal ist ein solcher Schutz mit vereinfachter Gesundheitsprüfung über die betriebliche Altersvorsorge zu erreichen.

CHECKLISTE

Entgeltumwandlung

- **Prüfen Sie,** ob die betriebliche Altersvorsorge mehr lohnt als eine private.
- Beteiligt sich Ihr **Arbeitgeber?**
- Informieren Sie sich über anfallende **Abschluss- und Verwaltungskosten.**
- Nutzen Sie diesen Weg nur, wenn Sie langfristig bei diesem Arbeitgeber verweilen wollen.
- Beachten Sie die **Verringerung** der gesetzlichen Rente durch Bruttoentgeltumwandlung und die **Abgabenlast** im Rentenalter mit Steuern und Beiträgen zur Kranken-und Pflegeversicherung.
- Beachten Sie die **Unterschiede zu Riester:** Bei der privaten Riester-Rente fallen in der Regel keine Krankenkassenbeiträge an. Und: Aus der betrieblichen Riester-Rente können Sie kein Kapital für den Wohneigentumserwerb entnehmen.

ACHTUNG

Nachteile im Rentenalter

Die Vorteile der Förderung der betrieblichen Altersvorsorge sollten nicht über Nachteile im Rentenalter hinwegtäuschen:

- Durch Bruttoentgeltumwandlung **verringern Sie Ihre Ansprüche** auf gesetzliche Rente, Arbeitslosen- und Krankengeld; je jünger Sie sind, umso einschneidender die Effekte.
- Zahlungen aus der betrieblichen Altersvorsorge sind nicht nur in voller Höhe **als Einkommen zu versteuern,** sondern werden für Pflichtversicherte in der gesetzlichen Krankenversicherung auch mit Beiträgen für die Kranken- und Pflegeversicherung belegt. Und zwar ist hier der volle Arbeitgeber- und Arbeitnehmerbeitrag vom Versicherten abzuführen. Dies gilt, sofern die Summe der Betriebsrenten einen bestimmten Betrag (im Jahr 2017: 148,75 Euro monatlich) übersteigt. Dies gilt auch bei der einmaligen Kapitalauszahlung, bei der dann die Sozialabgaben fast ein Fünftel des ausgezahlten Guthabens auffressen können.

Im Rahmen des Betriebsrentenstärkungsgesetzes ist geplant, die Belastung mit Krankenkassenbeiträgen für Betriebsrentner abzumildern.
Wann und in welcher Form gesetzliche Änderungen erfolgen, stand bei Redaktionsschluss dieser Auflage im April 2017 noch nicht fest. Diese Nachteile können eventuell durch umfangreiche Zuschüsse des Arbeitgebers kompensiert werden.
Ohne Zuschuss ist die Bruttoentgeltumwandlung für gesetzlich Krankenversicherte eher kritisch zu sehen.

Vermögenswirksame Leistungen

Vermögenswirksame Leistungen (vL) dienen dem privaten Vermögensaufbau, ohne dass zwingend die Altersvorsorge im Mittelpunkt steht. Das Guthaben kann nach der Fälligkeit auch für andere Zwecke wie beispielsweise die Finanzierung von größeren Anschaffungen verwendet oder in eine ungeförderte Kapitalanlage umgeschichtet werden. Arbeitnehmer können mit Unterstützung von Staat und Arbeitgeber damit ein ordentliches finanzielles Polster aufbauen. Dabei wird mit dem Arbeitgeber vereinbart, dass ein Teil des Nettogehalts – nach Abzug von Steuern und Sozialversicherung – auf einen Sparvertrag überwiesen wird.

Oft beteiligen sich Arbeitgeber mit einem Zuschuss, der je nach Tarifvertrag oder Betriebsvereinbarung bis zu 40 Euro pro Monat betragen kann, an den Sparraten. Sofern ein betrieblicher Zuschuss gewährt wird, geschieht dies unabhängig davon, ob staatliche Arbeitnehmersparzulage hinzukommt oder nicht. Grundsätzlich hat jeder Arbeitnehmer das Recht auf Abschluss eines vL-Sparvertrags. Je nach Sparform und Einkommen gibt der Staat in Form der Arbeitnehmersparzulage (→ Kasten Seite 90) noch etwas dazu. Gesperrt ist gefördertes Kapital für sieben Jahre, das schreibt das Vermögensbildungsgesetz vor. Es gilt der Grundsatz: sechs Jahre einzahlen, ein Jahr ruhen lassen. Nur in Ausnahmefällen wie Tod, Selbstständigkeit, längerer Arbeitslosigkeit oder Ähnlichem lässt das Gesetz zwischenzeitliche Verfügungen zu. Bei Verwendung von Bausparguthaben für die eigene Immobilie gelten Ausnahmen von der Sperrfrist.

→ **TIPP Mit vL ein Polster bilden**
Wenn Sie Arbeitnehmer sind, lohnt es sich praktisch immer, die vermögenswirksamen Leistungen zu nutzen. Die kleinen Monatsraten belasten kaum und bilden dennoch im Lauf der Jahre ein schönes finanzielles Polster. Dazu kommt je nach Einkommen und Anlageform noch die Arbeitnehmersparzulage, und bei entsprechender tariflicher oder betrieblicher Vereinbarung beteiligt sich sogar der Arbeitgeber an der Vermögensbildung.

€ FINANZEN

Wer hat Anspruch auf die Arbeitnehmersparzulage?

Anspruch haben nur Arbeitnehmer, deren Einkommen die Grenze von 17.900 Euro für Ledige und 35.800 Euro für Verheiratete nicht übersteigt. Diese Werte gelten für die Anlage in Bausparverträgen oder Darlehenstilgung. Beim Wertpapiersparen liegt die Grenze bei 20.000 bzw. 40.000 Euro. Doch die wahre Einkommensgrenze liegt deutlich höher.
Als Kriterium gilt nämlich nicht das Bruttogehalt auf der Lohnabrechnung, sondern das zu versteuernde Einkommen. Arbeitnehmer können so ihre beruflichen Werbungskosten bzw. den Arbeitnehmerpauschbetrag geltend machen. Dazu kommen weitere Abzugsmöglichkeiten im Rahmen der Sonderausgaben. Für jedes Kind kann überdies der Kinderfreibetrag geltend gemacht werden. Dieser wird auch dann berücksichtigt, wenn der Arbeitnehmer Kindergeld bekommt. Damit kann beispielsweise das Bruttoeinkommen bei Ehepaaren mit drei Kindern und einem Arbeitnehmer auf rund 50.000 Euro pro Jahr steigen, ohne dass der Anspruch auf Arbeitnehmersparzulage erlischt.

Arbeitnehmersparzulage gibt es bei Einhaltung der Einkommensgrenzen für Bausparverträge und Aktien- oder Aktienfondssparpläne. Ohne staatliche Förderung kann das Geld auf einen Banksparvertrag mit sechs Jahren Spardauer und Ruhezeit bis zum nächsten Januar oder in eine Kapitallebensversicherung mit mindestens zwölf Jahren Laufzeit eingezahlt werden.

9 Prozent Arbeitnehmersparzulage gibt es für eine Anlagesumme von bis zu 470 Euro pro Jahr, wenn die Raten für sogenannte wohnwirtschaftliche Zwecke verwendet werden. Dazu zählt etwa das Besparen eines Bausparvertrags – auch wenn das Guthaben nach Ablauf der siebenjährigen Sperrfrist und Vertragszuteilung für andere Zwecke als für die Eigenheimfinanzierung verwendet wird. Auch die Tilgung von Darlehen für die selbstgenutzte Immobilie ist förderfähig.

Etwas mehr gibt es für weitere Anlageformen: Das Wertpapiersparen – etwa mit vL-fähigen Aktienfonds – oder der Erwerb von Beteiligungen oder Belegschaftsaktien wird mit 20 Prozent gefördert. Hier liegt die Obergrenze für die jährlichen Sparraten bei 400 Euro. Beide Förderwege – Aktien- und Bausparen – können kombiniert werden.

Freier Vermögensaufbau

Wenn Reservenbildung, Anschaffungssparen und geförderte private Altersvorsorge abgehakt sind, ist der freie Vermögensaufbau an der Reihe. Hierfür steht eine Vielzahl an Anlagegattungen und -produkten mit unterschiedlichen Risiken und Renditechancen zur Wahl.

Der freie Vermögensaufbau ist sozusagen die Königsdisziplin in der privaten Finanzplanung. Bei der Bildung von Geldreserven und bei der geförderten Altersvorsorge können sich Sparer auf wenige Produkte konzentrieren. Dagegen steht ihnen bei der freien Vermögensbildung eine Vielzahl unterschiedlicher Anlagemöglichkeiten zur Verfügung. Die Bandbreite reicht von schwankungsarmen Staatsanleihenfonds bis hin zu Wertpapieren mit Totalverlustrisiko. Dazu kommt ein erheblicher Anteil an Anlageangeboten, die wegen unfairer Verteilung von Chancen und Verlustrisiken, hoher Nebenkosten oder mangelnder Transparenz als ungeeignet eingestuft werden müssen.

Das Kapitel befasst sich mit **Anlageprodukten unterschiedlicher Risikoklassen,** die grundsätzlich für den freien Vermögensaufbau geeignet sind. Nicht empfehlenswerte Anlageprodukte werden im Kapitel „Nachteilige Anlageprodukte" ab Seite 137 erläutert.

Gekennzeichnet ist der freie Vermögensaufbau dadurch, dass das Geld langfristig und ohne Zweckbindung angelegt wird – es wird also weder für die Finanzierung von Anschaffungen eingeplant noch für die Finanzierung der Lebenshaltungskosten im Rentenalter. Wenn später einmal Erträge aus dem Vermögen in Form von Zinsen oder Dividenden die Rente aufbessern, ist dies ein angenehmer Nebeneffekt. Dieses zusätzliche Einkommen sollte jedoch immer als „Sahnehäubchen" auf die gesetzliche und private Altersvorsorge betrachtet werden.

Grundsätzlich können für diesen Zweck auch langfristige Banksparpläne eingesetzt werden. Allerdings können Sie hier nur mit einer geringen Rendite rechnen – dies ist der Preis dafür, dass Sie im Gegenzug kein Verlustrisiko eingehen müssen. Gerade beim langfristigen Sparen ohne Zweckbindung ist es hingegen ratsam, ein wohlkalkuliertes Risiko in Kauf zu nehmen und damit langfristig von guten Renditechancen zu profitieren.

Gut geeignet für die langfristige Kapitalanlage sind in erster Linie die folgenden Anlagemöglichkeiten:

- **Wertpapiere.** Dazu zählt das Direktinvestment in Aktien, Anleihen und andere Wertpapiere, die an der Börse notiert sind.
- **Edelmetalle.** Auch Gold kann eine langfristige Kapitalanlage darstellen – weniger mit Blick auf die Renditechancen, sondern eher als Absicherung für Krisenszenarien.
- **Investmentfonds.** Anlegern stehen in Deutschland etliche tausend Investmentfonds unterschiedlichster Spielarten zur Verfügung, darunter auch die besonders kostengünstigen Indexfonds (ETFs).

Eine tabellarische Übersicht, welches Anlageprodukt in welche Risikoklasse einzustufen ist, finden Sie am Ende dieses Kapitels auf Seite 121.

HINTERGRUND

Der richtige Umgang mit Börsenschwankungen

Die Wertpapiermärkte sind immer in Bewegung – mal brechen die Kurse ein, mal schwingen sie sich zu Höhenflügen auf. Dabei ist zu beobachten, dass sich im Lauf der Zeit die Schwankungen immer mehr ausgleichen und in der Regel eine höhere Rendite als mit sicheren Bankprodukten erzielt werden kann.
Daher sollten Sie das an den Kapitalmärkten investierte Geld immer auf mindestens zehn Jahre anlegen, um die Kursschwankungen auf lange Sicht ausgleichen und schlechte Börsenphasen aussitzen zu können.
Auch bei langfristiger Anlage gilt, dass das Guthaben nie zur Auszahlung an einem bestimmten Zeitpunkt eingeplant werden sollte. Auf diese Weise können Sie ein Börsentief einfach aussitzen und noch zwei oder drei Jahre warten, bis die Kurse wieder gestiegen sind.

Aktien

Als Aktionär sind Sie Teilhaber einer Aktiengesellschaft. Sie beteiligen sich am Grundkapital der Gesellschaft und tragen damit gleichzeitig ein unternehmerisches Risiko. Die Dauer der Beteiligung ist nicht auf eine bestimmte Laufzeit begrenzt, sondern hängt allein davon ab, wie lange Sie die Aktien behalten. Nur im Fall einer Firmenpleite oder eines Rückzugs des Unternehmens von der Börse mit einer damit verbundenen Zwangsabfindung der Minderheitsaktionäre kann Ihr Engagement unfreiwillig vorzeitig enden. Welche Mitspracherechte Sie als Aktionär und Miteigentümer haben, hängt davon ab, ob Sie im Besitz von Stammaktien oder Vorzugsaktien sind.

Stammaktien, von Börsianern auch kurz als „Stämme" bezeichnet, sind der Normalfall. Sie verbriefen uneingeschränkt die im Aktiengesetz geregelten gesetzlichen Aktionärsrechte. So besitzen Sie als Aktionär einen Anspruch auf Beteiligung am Gewinn des Unternehmens. Der zur Ausschüttung kommende Anteil des erzielten Bilanzgewinns der Gesellschaft wird dabei durch die Anzahl der ausgegebenen Aktien geteilt und als Dividende auf die einzelne Aktie an den Inhaber ausgezahlt. Wird allerdings kein Bilanzgewinn erwirtschaftet, gibt es auch keine Dividende.

Als Stammaktionär des Unternehmens haben Sie außerdem das Recht, an der jährlichen Hauptversammlung teilzunehmen und dort ein Stimmrecht bei Entscheidungen auszuüben, zum Beispiel über die Verwendung des Bilanzgewinns oder die Bestellung von Aufsichtsratsmitgliedern. Entscheidungen fallen allerdings nicht auf der Grundlage der Anzahl der anwesenden Stimmberechtigten, sondern nach der Höhe des Aktienkapitals, das die einzelnen Personen vertreten. Als Kleinanleger haben Sie deshalb gegenüber den Großaktionären nur wenig zu melden.

Vorzugsaktien unterscheiden sich von den normalen Stammaktien dadurch, dass Sie als deren Inhaber bestimmte Vorrechte genießen. Der Vorzug besteht meist darin, dass die Dividende um einen bestimmten Wert über der Dividende von Stammaktien liegt oder bei einem erwirtschafteten Gewinn zunächst in einer bestimmten Höhe an die Vorzugsaktionäre ausgeschüttet wird und erst dann die Stammaktionäre an der Reihe sind. Bei den „kumulativen" Vorzugsaktien werden sogar die wegen schlechter Ertragslage in einem Jahr wegfallenden Dividenden in späteren, freundlicheren Jahren gezahlt.

Solche Vorzüge gegenüber den Stammaktionären haben natürlich ihren Preis. In der Regel müssen Sie als Inhaber von Vorzugsaktien als Gegenleistung auf das Stimmrecht bei der Hauptversammlung verzichten.

→ TIPP Vorzugsaktien mit vielen Vorteilen

Haben Sie ohnehin keine großen Ambitionen, mitzubestimmen, können Vorzugsaktien eine günstige Alternative zu Stammaktien sein, zumal sie oft zu günstigeren Kursen erhältlich sind und dennoch gleiche oder sogar bessere Dividenden bieten.

Die Rendite von Aktien lässt sich im Voraus in keiner Weise bestimmen. Sie können lediglich anhand von Börsenstatistiken herausfinden, wie viel Sie in der Vergangenheit mit bestimmten Aktien hätten verdienen können. Daraus auf die Zukunft zu schließen wäre allerdings äußerst gefährlich, denn die Bedingungen auf dem Aktienmarkt und die Geschäftsentwicklung der Aktiengesellschaft werden sich wohl kaum in gleicher Weise wiederholen.

Wie bereits angesprochen, wird ein Teil des vom Unternehmen erwirtschafteten Bilanzgewinns meist jährlich als Dividende je Aktie an die Aktionäre ausgeschüttet. Die Dividende wird Ihnen in der Regel auf ein Verrechnungskonto gutgeschrieben. Wie viel Dividende ausgezahlt wird, hängt davon ab, wie viel Gewinn die Aktiengesellschaft zu verteilen hat. Es besteht also ein direkter Zusammenhang zwischen der Unternehmenssituation und Ihren Erträgen aus der Beteiligung. In schlechten Jahren fällt deshalb die Dividende magerer aus oder sogar ganz weg.

Allerdings bildet der Dividendenertrag, der häufig im Verhältnis zum weit über dem Nennwert liegenden Kaufpreis der Aktien nur gering ist, bei den meisten Anlegern wohl kaum den Hauptgrund für einen Einstieg in diese Wertpapierform.

Der größere Anreiz liegt in der Aussicht, durch eine günstige Kursentwicklung der gekauften Papiere überdurchschnittliche Renditen kassieren zu können. Allerdings ist es für Anleger kaum möglich, die idealen Zeitpunkte für den Kauf zum günstigen Kurs und den Verkauf auf dem Höhepunkt eines Börsenaufschwungs zu treffen. Je länger Sie jedoch die Aktien halten, umso weniger Auswirkung hat die Frage des optimalen Kauf- und Verkaufszeitpunkts auf die Gesamtrendite.

> ! ACHTUNG
>
> **Immer langfristig denken**
>
> Aktien sollten Sie stets als langfristige Kapitalanlage betrachten. Sie haben so die Chance, von einem langfristigen Wirtschaftswachstum und der damit verbundenen Stärkung der Unternehmen durch steigende Kurse zu profitieren. Doch sollten Sie bedenken: Große Börsentiefs, wie sie beispielsweise in den Jahren 2001 und 2002 oder während der Finanzkrise 2008/2009 zu verzeichnen waren, können die Kursgewinne von mehreren Jahren innerhalb kürzester Zeit zunichtemachen.

Als Maßstab für die Wertentwicklung der Aktienmärkte werden in der Regel bestimmte Indizes herangezogen, zum Beispiel der Deutsche Aktienindex (DAX) oder der Europäische Stoxx-Index.

- **Der DAX** bildet die Kursentwicklung der 30 größten Aktiengesellschaften Deutschlands ab, der sogenannten Blue Chips.
- **Der Dow Jones Euro Stoxx 50** weist die Wertentwicklung der 50 größten Aktiengesellschaften in der Eurozone auf.
- **Der Dow Jones Stoxx 50** spiegelt die Aktienkursentwicklung der 50 größten AGs in ganz Europa – inklusive Schweiz und Großbritannien – wider.
- **Der MSCI-Weltaktienindex** bildet die Kursentwicklung der größten Unternehmen weltweit ab und stellt eine wichtige Messlatte für international investierende Aktionäre dar.

Zur Ermittlung dieser Kennzahlen werden an den Börsentagen ständig die aktuellen Aktienkurse ausgesuchter Gesellschaften erfasst und in einem festgelegten mathematischen Verfahren zu einem Indexwert zusammengerechnet. Die Veränderungen dieses Werts zeigen an, wie sich der Aktienmarkt insgesamt entwickelt oder welche Entwicklung er in bestimmten Zeiträumen durchgemacht hat.

Setzen Sie auf eine Aktie oder wenige bestimmte Aktienwerte, kann das Anlageergebnis jedoch deutlich von der Indexentwicklung abweichen. Außer dem allgemeinen Marktgeschehen bestimmt ja die Unternehmensentwicklung stark den Kursverlauf. Grundsätzlich sollten Sie auf Aktien von großen Unternehmen setzen, die in einem Index vertreten sind. Bei kleinen Unternehmen sind häufig die Anforderungen bei der Veröffentlichung von Bilanzen, Quartalszahlen und wichtigen Ereignissen weniger streng, sodass damit aus Sicht des Aktionärs weniger Transparenz gegeben ist als bei Großunternehmen.

Mit festen laufenden Erträgen dürfen Sie beim Kauf von Aktien also nicht rechnen. Renditevergleiche mit anderen Anlageformen sind aufgrund der beschriebenen Unsicherheitspunkte ebenfalls nicht möglich.

Wenn Sie zu den Kapitalanlegern gehören, die lieber auf Nummer sicher gehen und bereits bei Abschluss einer Anlageform zumindest ungefähr wissen wollen, mit welchem Ertrag Sie rechnen können, dann sollten Sie Aktien lieber meiden. Möchten Sie dagegen leibhaftig die Entwicklung auf einem Kapitalmarkt und die damit verbundene Spannung erleben, ließe sich dies durch den Kauf von Aktien verwirklichen.

→ **TIPP Mit kleinen Beträgen einsteigen**
Um erst einmal Erfahrungen mit Aktien zu sammeln, sollten Sie zunächst mit kleineren Anlagebeträgen beginnen. So können Sie herausfinden, ob Sie über die nötige Gelassenheit gegenüber dem Auf und Ab der Börsenkurse verfügen, ohne dass Sie dabei ein allzu großes finanzielles Risiko eingehen.

! ACHTUNG

Streuen Sie Ihr Risiko!

„Nie alle Eier in einen Korb" ist der Grundsatz der Geldanlage. Dies gilt sowohl für die Aufteilung des Anlagebetrags auf sichere und risikobehaftete Anlageprodukte als auch für die Mischung innerhalb der Kategorie. Kommen Aktien für Sie infrage, so sollte das Kapital über unterschiedliche Aktiengesellschaften, breit gestreut nach Regionen, Branchen etc. verteilt werden. „Diversifikation" lautet die Devise für ein seriöses Aktieninvestment.

Niemals sollten Sie die Spielleidenschaft über Ihre Vernunft siegen lassen und alles auf die Karte „Aktien" setzen. Ein langfristiger Aufbau von Geldvermögen über den regelmäßigen Erwerb von Aktien ist durchaus möglich und kann sogar zu überdurchschnittlichen Anlageergebnissen führen. Allerdings sollten Sie dann das nötige Stehvermögen und gute Nerven mitbringen, um auch turbulente Börsenphasen mit stark fallenden Kursen durchzustehen. Ihre zeitliche Perspektive sollte zudem möglichst zehn Jahre und länger betragen, damit kurzfristige Marktentwicklungen sich nicht zu stark auswirken.

Auf keinen Fall darf es bei der Aktienanlage ein festes Ablaufdatum geben, zu dem Sie die Papiere flüssig machen müssen. Ein unausweichlicher Verkauf zu aktuellen Niedrigkursen kann sonst auf einen Schlag selbst eine lang anhaltende positive Kursentwicklung zunichtemachen.

Bei Kauf und Verkauf von Aktien verlangen Banken Ordergebühren, deren Höhe meist vom Volumen des Auftrags abhängt. Allerdings werden bei kleinen Orders Mindestgebühren in Rechnung gestellt, die je nach Institut zwischen 10 und 40 Euro betragen. Dazu kommen noch jährlich oder quartalsweise anfallende Gebühren für die Führung des Wertpapierdepots.

Aufgrund der Mindestgebühren lohnt sich der Aktienkauf meist erst ab einem Volumen von 1.000 bis 2.000 Euro pro Order. Da es wichtig ist, Aktieninvestments über wenigstens fünf bis sieben Einzeltitel zu streuen, ist bei Anlagesummen unter 10.000 Euro ein Aktienfonds meist die sinnvollere Alternative.

Festverzinsliche Wertpapiere

Mit festverzinslichen Wertpapieren beschaffen sich Staaten und Unternehmen Kredite am Kapitalmarkt. Die Papiere – auch als Anleihen, Obligationen, Schuldverschreibungen oder Rentenpapiere bezeichnet – haben während der Laufzeit eine feste Verzinsung und am Ende erhält der Inhaber den Nennwert wieder ausgezahlt. Wenn Anleihen an der Börse gehandelt werden, können Inhaber ihre Papiere auch schon vor der Fälligkeit wieder veräußern. Der Kurs wird dabei von zwei Faktoren beeinflusst: dem allgemeinen Zinsniveau und der Bonität des Schuldners.

Weil für Anleihen ein festgelegter Zins ausgeschüttet wird, passt sich die Rendite über den Börsenkurs an das Marktzinsniveau an. Ist der Festzins höher als die Verzinsung vergleichbarer Kapitalanlagen mit gleicher Restlaufzeit, liegt der Börsenkurs über dem Nennwert – denn die Investoren sind aufgrund der höheren Zinsausschüttung bereit, für die Anleihe mehr zu bezahlen als den

Rückzahlungsbetrag am Ende der Laufzeit. Umgekehrt sinkt der Anleihenkurs unter den Nennwert, wenn der Festzins niedriger ist als der Marktzins für Anlagen mit gleicher Restlaufzeit. Dies führt dazu, dass in Phasen steigender Marktzinsen die Anleihenkurse rückläufig sind, während sie bei sinkenden Zinsen steigen. Achten Sie beim Kauf daher nicht nur auf den festen Zins, sondern auf die Rendite für die Restlaufzeit. Sie spiegelt den wahren Ertrag unter Berücksichtigung des aktuellen Kaufkurses wider.

Bei der Bonitätsentwicklung gilt als Grundregel: Wenn sich die Bonität verbessert, steigt der Anleihenkurs, während er bei einer Verschlechterung der Bonität sinkt. Grund dafür ist, dass die Investoren Renditeaufschläge verlangen, wenn das Risiko eines Zahlungsausfalls steigt. Daher ist es zunächst einmal wichtig zu wissen, wer als Schuldner hinter den Papieren stehen kann.

Staatsanleihen werden von Ländern oder deren Organschaften herausgegeben. Die Bandbreite reicht hierbei von den sicheren Papieren der Industrienationen bis zu hoch riskanten Schuldverschreibungen von Entwicklungsländern, die an der Schwelle zum Industriestaat stehen, den sogenannten Emerging-Markets-Anleihen.

Unternehmensanleihen sind – wie es der Name schon sagt – Schuldverschreibungen von Unternehmen. Üblicherweise handelt es sich dabei entweder um Banken, Finanzkonzerne oder um große Industrie-, Handels- oder Dienstleistungsmultis. Auch hier können Bonität, Rendite und Risiko sehr weit auseinanderklaffen.

BEISPIEL

Wie der Marktzins den Anleihenkurs beeinflusst

Angenommen, eine Anleihe mit vier Jahren Restlaufzeit ist mit einem Festzins von 2,5 Prozent ausgestattet. Sinkt der Marktzins für vierjährige Geldanlagen auf 1,5 Prozent, dann sind Investoren bereit, für jedes Jahr Restlaufzeit 1,0 Prozent mehr zu bezahlen als die Anleihe eigentlich „wert“ ist. Hochgerechnet auf vier Jahre Restlaufzeit ergibt sich daraus ein Kaufkurs von 104 Prozent des Nennwerts.

Steigen hingegen die Marktzinsen auf 4,0 Prozent, dann muss aus Sicht des Käufers ein Kurszuwachs von jährlich 1,5 Prozent die Differenz zwischen 2,5 Prozent Festzins und dem Marktzins ausgleichen. Multipliziert mit der Restlaufzeit von vier Jahren ergibt sich daraus ein Kursabschlag auf den Nennwert von 6,0 Prozent, so dass die Anleihe bei 94 Prozent des Nennwertes notiert.

Wenn es darum geht, Renditechancen und Risiken bei Anleihen möglichst realistisch einzuschätzen, ist das Rating eine unentbehrliche Hilfe. Dieser Begriff beschreibt eine Note, die das betreffende Unternehmen oder der Staat nach der Bonitätsprüfung für seine Finanzkraft erhält. Die Prüfung wird von Ratingagenturen durchgeführt, marktführend sind die amerikanischen Häuser Moody's und Standard & Poor's (→ Seite 102).

ACHTUNG

Kein Anleihenkauf ohne Rating!

Investieren Sie niemals in eine Anleihe, von deren Herausgeber kein Rating vorliegt. Die Gefahr, für ein hohes Ausfallrisiko einen zu niedrigen Zins zu erhalten, ist in solchen Fällen besonders groß.

ACHTUNG

An die Umschuldungsklausel denken

Anleger, die in vermeintlich sichere Staatsanleihen investieren wollen, sollten wissen: Ab 2013 neu herausgegebene Staatsanleihen aus der Eurozone mit einer Laufzeit von mehr als einem Jahr enthalten eine Umschuldungsklausel. Danach können im Krisenfall per Mehrheitsentscheid der Gläubiger (Zweidrittel- oder 75-Prozent-Mehrheit, je nach Abstimmung vor Ort oder schriftlich) die Anleihebedingungen geändert werden. So könnte zum Beispiel die Laufzeit verlängert oder der Zins oder der Nennwert gesenkt werden.

Allerdings ist auch ein gutes Rating kein Garant für eine sichere Anleihe und die Rückzahlung des Nennwerts. Einerseits sind Rating-Agenturen nicht allwissend und stehen teils wegen mangelhafter Transparenz in der Kritik, andererseits können sich Ratings ändern. Das sollten Sie im Blick haben, um gegebenenfalls Ihr Handeln danach zu richten. Manchmal ist ein verlustreicher Verkauf der Anleihe vor Fälligkeit besser, als am Ende bei einer Insolvenz keinen Cent mehr zu sehen.

Zu dem von der Bonität des Herausgebers abhängigen Ausfallrisiko und dem von Restlaufzeit und Zinsentwicklung beeinflussten Börsenkursrisiko kommt bei der Anlage in Fremdwährungsanleihen noch das Währungsrisiko hinzu. So sind auch Anleihen von Herausgebern aus dem Euro-Raum erhältlich, die in anderen Währungen, beispielsweise Schweizer Franken, Britisches Pfund oder US-Dollar begeben werden. Sowohl die laufenden Zinszahlungen als auch die Rückzahlung bei Fälligkeit werden dann ebenfalls in der entsprechenden Währung entrichtet.

Für Sie als Anleger ist dies Chance und Risiko zugleich: Steigende Währungskurse bringen zusätzlichen Gewinn, während sinkende Kurse Renditeeinbußen oder sogar Verluste nach sich ziehen können.

Auch bei Anleihen fallen Transaktionsgebühren und Kosten für die Depotverwaltung an. Im Vergleich zur Aktienanlage ist die Auswirkung der Nebenkosten auf die Rendite oft sogar noch gravierender, weil die erzielbare Rendite bei Anleihen von vornherein deutlich niedriger ist. Ob Sie das Geld auf unterschiedliche Schuldner verteilen sollten, hängt von der Bonität ab: Bei sicheren Bundesanleihen ist keine Streuung erforderlich, während Sie bei Unternehmensanleihen auf mehrere Herausgeber setzen sollten.

Die Noten der Ratingagenturen

BEURTEILUNG	RATINGNOTE	
	MOODY'S	STANDARD & POOR'S
Erstklassige Schuldner mit sehr hoher Finanzkraft und äußerst solider Finanzlage, deren Anleihen mit sehr niedrigem Risiko verbunden sind.	Aaa, Aa1, Aa2, Aa3	AAA, AA+, AA, AA–
Gute Schuldner mit solider Finanzlage, deren Kapitalkraft nur von sehr ungünstigen Marktentwicklungen beeinträchtigt werden kann. Mit den Anleihen ist ein moderates Risiko verbunden.	A1, A2, A3, Baa1, Baa2, Baa3	A+, A, A–, BBB+, BBB, BBB–
Riskante Schuldner, die zwar momentan solide dastehen, deren Finanzlage sich jedoch rasch negativ verändern kann. Anleihen von solchen Herausgebern gelten als spekulativ und stellen bereits eine echte Risikogeldanlage dar. Die sogenannte Investmentqualität ist hier nicht mehr gegeben.	Ba1, Ba2, Ba3, B1, B2, B3	BB+, BB, BB–, B+, B, B–
Hoch riskante Schuldner, bei denen die Zahlung von Zins und Tilgung bereits gefährdet ist oder die schon in Zahlungsschwierigkeiten stecken. Deren Anleihen sind die berühmt-berüchtigten „Junk Bonds“, was so viel bedeutet wie „Schrottanleihen“.	Caa, Ca, C	CCC+, CCC, CC, CC–, C, C–, D

Rendite vergleichen – nach Abzug aller Kosten
Matthias Bachmann, Honorar-Anlageberater in Dortmund, empfiehlt, Anleiherenditen mit Bankangeboten zu vergleichen: „Bevor Sie sich für eine Anleihe entscheiden, sollten Sie die Rendite nach Abzug der Transaktions- und Depotkosten ermitteln. Außerdem sollte der Investmentvergleich zwischen Anleihe und Bankprodukt auch Faktoren wie Laufzeit, Flexibilität (Liquidität) und Anlagerisiko berücksichtigen. Dann ist im aktuellen Zinsumfeld das klassische Bankprodukt oft die günstigere Alternative."

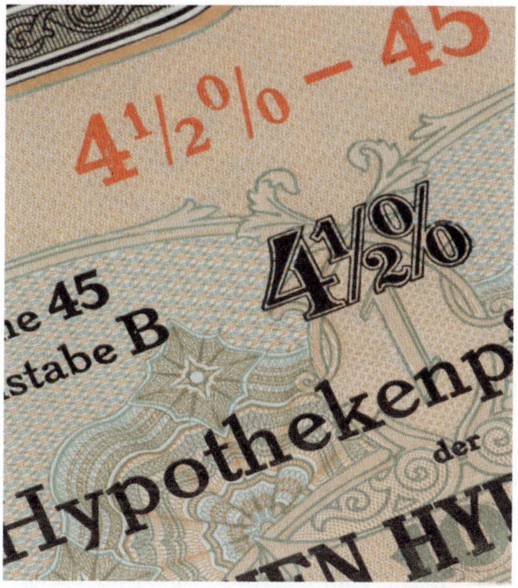

Sonderformen: Pfandbriefe und Genussscheine

Anleihen gibt es in vielen Varianten. Zwei häufig anzutreffende Sonderformen sollen an dieser Stelle noch erläutert werden: der Pfandbrief, der als Spielart der Bankenanleihe dem Anleger zusätzliche Sicherheit bringt, und der Genussschein als Wertpapier mit Eigenschaften aus der Aktien- und Anleihenwelt.

Pfandbriefe stellen innerhalb der Schuldverschreibungen eine besondere Gattung dar und können eine interessante Alternative zu Bundeswertpapieren sein. Sie leihen hier jedoch nicht dem Staat Geld, sondern einer Bank. Die wiederum nutzt das Geld, um Kredite für Grundstücks- und Gebäudefinanzierungen zu vergeben. Auch Pfandbriefe können an der Börse gekauft und verkauft werden. Bei niedrigem Verlustrisiko bieten Pfandbriefe im Vergleich zu Schuldverschreibungen des Bundes ein kleines Renditeplus. Sie müssen sich als Sparer nicht allein auf die Finanzkraft der Bank verlassen, denn diese Wertpapiergattung ist mit einer Extrasicherheit versehen.

Bei **Hypotheken-Pfandbriefen** darf die emittierende Bank das Anlegerkapital aus dem Pfandbrief nur verwenden, um mit

Grundschulden abgesicherte Immobiliendarlehen zu vergeben. Dabei darf die Kreditsumme maximal 60 Prozent des Beleihungswerts der Immobilie betragen. Wenn eine Hypothekenbank höhere Darlehensbeträge bewilligt, muss der über dieser Grenze liegende Betrag mit anderen Mitteln, etwa sonstigen Schuldverschreibungen, finanziert werden. Öffentliche Pfandbriefe sind mit Krediten an staatliche Körperschaften wie Städte und Kommunen hinterlegt.

Im Fall einer Bankenpleite gelten Pfandbriefe als besonders geschütztes Anlagevermögen. Die zugunsten der Bank eingetragenen Grundschulden oder Forderungen an die öffentliche Hand werden dann an die Inhaber der Pfandbriefe übertragen, sodass deren Anlagekapital durch diese Pfandrechte gedeckt ist. Diese Grundschulden müssen in den sogenannten Deckungsstock des Pfandbriefs eingetragen werden, damit die Gläubiger im Insolvenzfall erfahren können, auf welche Sicherheiten sie Zugriff haben.

Ein besonderes Segment innerhalb des Pfandbriefmarkts stellen die sogenannten **Jumbo-Pfandbriefe** dar. Wie der Name schon vermuten lässt, haben die Jumbos ein besonders großes Volumen, sodass die Handelbarkeit praktisch jederzeit zu einem fairen Kurs gewährleistet ist. Bei kleineren Pfandbrief-serien kann es nämlich vorkommen, dass Sie bei einem Verkauf vor der Fälligkeit über die Börse einige Tage oder sogar Wochen warten müssen, bis sich ein Käufer findet. Bei Jumbo-Pfandbriefen mit ihrem Ausgabevolumen von mindestens einer Milliarde Euro ist mit solchen Wartezeiten nicht zu rechnen.

Quelle: Verband Deutscher Pfandbriefbanken e. V., Berlin

Wie auch bei anderen börsennotierten Wertpapieren kann es bei Pfandbriefen vorkommen, dass bei einem Verkauf vor Fälligkeit der Kurs je nach aktueller Zinssituation höher oder niedriger ist als der Nennwert.

→ **TIPP Jumbo-Pfandbriefe nutzen**
Wenn Sie nicht ganz sicher sind, dass Sie Ihre Pfandbriefe bis zur Fälligkeit behalten, sollten Sie am besten auf Jumbo-Pfandbriefe setzen. Hier können Sie davon ausgehen, dass Sie die Papiere im Bedarfsfall schnell und zu einem fairen Kurs verkaufen können.

Für diejenigen, die zwischen dem Nervenkitzel der Aktie und dem eher ruhigen Fahrwasser der Anleihe einen Kompromiss suchen, können **Genussscheine** infrage kommen. Diese Wertpapiere bieten zwar auch nicht maximalen Gewinn ohne jegliches Risiko, aber bei soliden Herausgebern immerhin attraktive Ausschüttungen bei moderatem Risiko.

Das Zwitterwesen aus Aktie und Anleihe verbindet die Eigenschaften beider Anlageformen: Von der Anleihe werden die feste Grundverzinsung und bei vielen Papieren die Rückzahlung des Nennwerts zu einem vorgegebenen Termin übernommen. Aus der Aktienwelt kommt hingegen die Klausel, dass die Verzinsung nur gezahlt wird, wenn der Jahresgewinn dafür auch ausreicht – und damit rückt der Zins des Genussscheins in die Nähe der Aktiendividende. Besitzer von Genussscheinen sind jedoch bei der Hauptversammlung des Unternehmens nicht stimmberechtigt.

Bei der Gestaltung der Ausschüttungsbedingungen räumt der Gesetzgeber den Emittenten weitreichende Freiheiten ein. Einzelne Genussscheine können somit nur schwer miteinander verglichen werden, denn die Ausschüttungsmodalitäten bergen unterschiedliche Chancen und Risiken. So zahlen manche Herausgeber jährlich gleichbleibende Zinsen – allerdings unter der Voraussetzung, dass das Unternehmen wegen der Ausschüttung nicht in die roten Zahlen rutscht. Andere Unternehmen machen wiederum die Ausschüttung auf ihre Genussscheine gänzlich von der Dividende – etwa auf die Vorzugsaktie – abhängig. Auch Laufzeit und Kündigungsmodalitäten variieren je nach Anbieter. Es gibt sowohl feste Rückzahlungstermine als auch unbegrenzte Laufzeiten.

Das Risiko liegt für Sie als Anleger zum einen in der nicht garantierten Ausschüttung, zum anderen im höheren Ausfallrisiko bei eventueller Pleite des Herausgebers. Denn: Wenn das Unternehmen Insolvenz anmelden muss, stehen die Inhaber von Genussscheinen ganz unten in der Rangliste der Gläubiger. Zuerst werden Kreditgeber, Lieferanten, Mitarbeiter und andere Gläubiger aus der vorhandenen Masse ausgezahlt, erst danach kommen die Inhaber von Genussrechten zum Zug.

Weil Inhaber von Genussscheinen ein größeres Risiko als Anleihenbesitzer eingehen, ist die Rendite dieser Papiere höher als diejenige von Unternehmensanleihen mit vergleichbarer Bonität. Wie hoch der Renditeaufschlag ausfällt, hängt von der Zahlungs- und Ertragskraft des herausgebenden Unternehmens ab. So bieten große Industrie- oder Bankkonzerne deutlich mehr Sicherheit als mittelständische Unternehmen – das schlägt sich in Kurs, Verzinsung und Rendite nieder.

Bei der Auswahl von Genussscheinen sollten Sie zwei Kriterien kombinieren. Die Ratingnote für die Bonität sagt Ihnen, wie solide die finanzielle Basis des Unternehmens ist. Genussscheine von Unternehmen ohne Rating sollten Sie meiden, da sich hier die Risiken kaum einschätzen lassen. Darüber hinaus sollten Sie sich sowohl die Unternehmensgewinne der letzten Jahre als auch die Prognosen für die Zukunft anschauen – denn wenn das Unternehmen rote Zahlen schreibt, müssen Sie möglicherweise zumindest vorübergehend auf Ihre Ausschüttungen verzichten.

! ACHTUNG

Keine Genussscheine abseits der Börse erwerben

Hüten Sie sich vor Angeboten am grauen Kapitalmarkt, auf den Genussscheine von kleinen oder mittelständischen Unternehmen über private Finanzvermittler abseits der Börse unter die Anleger gebracht werden. Nur selten können Laien beurteilen, ob das Unternehmen wirklich solide und die Rendite des Genussscheins dem Risiko angemessen ist. Mehr zu diesem Thema lesen Sie im Kapitel „Nachteilige Anlageprodukte“ ab Seite 137.

Edelmetalle und Rohstoffe

Viele Anlageberater empfehlen ihren Kunden traditionell, einen Teil von 5 bis 10 Prozent des Vermögens in Gold anzulegen. Diese Investition soll als Sachwertanlage vor allem vor den Konsequenzen von Staats- und Wirtschaftskrisen sowie vor der schleichenden Geldentwertung durch die Inflation schützen. Auch andere Edelmetalle wie Platin, Silber oder Palladium werden zuweilen von Anlageberatern ins Gespräch gebracht.

Unter Sicherheitsaspekten spricht tatsächlich für Edelmetalle, dass Sie hier für Ihr Erspartes nicht nur eine Forderung, sondern einen realen Sachwert erhalten, dessen Werthaltigkeit nicht wie zum Beispiel bei Wert-

papieren mit dem Erfolg und der Zuverlässigkeit eines Herausgebers steht und fällt. Das bedeutet aber leider nicht automatisch, dass Sie gegen jegliche Anlagerisiken gefeit wären.

Edelmetalle werden an den **internationalen Börsen** gehandelt und unterliegen deshalb grundsätzlich auch den herrschenden Marktgesetzen von Angebot und Nachfrage. Hinzu kommen politische Einflüsse und schwer auszurechnende Anlegerreaktionen sowie industrielle Entwicklungen, die die Veränderung der Preise teilweise völlig unberechenbar machen.

Auch wenn Kursausschläge nicht immer so extrem ausfallen wie etwa bei Aktien, müssen Sie als Anleger in Edelmetalle immer damit rechnen, dass – insbesondere bei einem unglücklich gewählten Erwerbszeitpunkt – Ihr Kapital durch Kursverluste angegriffen wird. Eine solche Entwicklung trifft Sie bei dieser Anlageform umso mehr, weil Rohstoffe keine laufende Verzinsung abwerfen, die Kursverluste zumindest teilweise ausgleichen könnte. Außerdem sollten Sie berücksichtigen, dass Gold in US-Dollar gehandelt wird. Außer den Preisschwankungen aufgrund von Angebot und Nachfrage beeinflusst auch das **Wechselkursverhältnis** Ihren Ertrag.

Beim Kauf von Gold in Form von Goldmünzen oder Medaillen fallen außerdem unterschiedlich hohe **Aufgelder** an, die zur Deckung der Prägekosten dienen, aber zum

Teil auch den über den reinen Materialwert hinausgehenden ideellen Wert der Anlagemöglichkeit wiedergeben. Das Problem der Aufgelder besteht darin, dass bei einem Verkauf häufig nur der reine Materialwert erzielt werden kann und somit weitere Einbußen entstehen. Überdies müssen Sie sich bei Münzen oder Barren überlegen, wie sie diese sicher aufbewahren können. Wenn Sie dafür ein Bankschließfach mieten, kommen weitere Gebühren hinzu. Mitunter ist dieses auch nicht ausreichend versichert. Informieren Sie sich dazu bei Ihrer Bank.

→ TIPP **Keine Medaillen!**
Meiden sollten Sie bei der Anlage in Gold vor allem Medaillen, die im Gegensatz zu Münzen keinen Nennwert einer bestimmten Währung verkörpern, denn deren Ausgabepreise sind meist mit sehr hohen Aufgeldern belastet.

Eine sinnvolle Alternative zum Kauf von physischen Edelmetallen können Fonds sein, die das Geld ihrer Kunden nicht in Aktien oder Anleihen, sondern direkt in Gold, Silber oder Platin investieren. Das Edelmetall steht als geschütztes Sondervermögen auch dann den Anlegern zu, wenn die Fondsgesellschaft pleitegehen würde.

! ACHTUNG

Nicht mit Goldminen-Aktienfonds verwechseln!

Verwechseln Sie die echten Goldfonds nicht mit Aktienfonds, die lediglich in Aktien von Minenbetreibern investieren, und bevorzugen Sie Fonds, die in physische Edelmetallbarren anstatt in Zertifikate oder Derivate auf den jeweiligen Rohstoffpreis investieren.

Auch andere Rohstoffe wie beispielsweise Öl, Industriemetalle oder Agrarprodukte werden häufig als Kapitalanlage angeboten. Meist handelt es sich hierbei jedoch um Anlagezertifikate, die Schuldverschreibungen von Banken verkörpern und dadurch mit einem gewissen Bonitätsrisiko verbunden sind. Hier kann die Preisentwicklung stark von der weltweiten Konjunktur abhängig sein, so etwa bei Rohöl oder Industriemetallen. Bei Agrarprodukten wiederum können sich Witterungseinflüsse in positiver oder negativer Weise auf die Marktpreise auswirken.

Warenterminbörsen besser meiden

Ralf Nomrosky, von der IHK zu Düsseldorf öffentlich bestellter Sachverständiger, warnt vor hoch riskanten Warentermingeschäften: „Rohstoffanlagen an den sogenannten Warenterminbörsen werden gern von unseriösen Finanzvermittlern verkauft. Hierbei handelt es sich jedoch um reine Wettgeschäfte, bei denen mit hoher Wahrscheinlichkeit der Totalverlust eintreten kann. Mehr Details hierzu erfahren Sie im Kapitel ‚Nachteilige Anlageprodukte' ab Seite 137."

Investmentfonds

Investmentfonds bieten Sparern die Möglichkeit, auch mit kleinen Anlagesummen in ein breit gestreutes Portfolio einzusteigen. Dieses setzt sich je nach Fondsgattung aus einer Vielzahl an Aktien, Anleihen oder anderen Einzelinvestments zusammen. Die Fondsgesellschaft gibt dann in handliche Beträge gestückelte Anteile heraus, die von den Fondskäufern erworben werden können. Dabei ist in aller Regel auch der Kauf von Anteilsbruchteilen möglich. Dem einzelnen Anleger gehört damit ein kleiner Bruchteil am Gesamtvermögen. Damit lassen sich schon mit kleinen Beträgen – beispielsweise 500 Euro – Anteile an 100 oder noch mehr unterschiedlichen Wertpapieren erwerben. Auch bieten viele Fondsanbieter ihren Kunden die Möglichkeit, mit kleinen Monatsraten ab 25 oder 50 Euro nach und nach Vermögen aufzubauen. Mit dem direkten Erwerb von Wertpapieren wäre dies aufgrund der hohen Mindestgebühren beim Kauf wirtschaftlich nicht sinnvoll.

Für Verwaltung und Vertrieb verlangen Fondsgesellschaften Gebühren. So werden beim Kauf Ausgabeaufschläge kassiert, die je nach Anbieter und Fondsgattung 1 bis 6 Prozent des Anlagebetrags ausmachen. Damit müssen Sie bei einem Ausgabeaufschlag von 5 Prozent an die Fondsgesellschaft 105 Euro bezahlen, um Anteile im Wert von 100 Euro zu erwerben. Dazu kommen die jährlichen internen Verwaltungsgebühren, die bis zu 2 Prozent des Fondsvermögens betragen können. Da es sich um Wertpapiere handelt, kommen noch die Bankgebühren für die Führung des Wertpapierdepots hinzu. Wie Sie hier Geld sparen können, erfahren Sie im Kapitel „Richtig vergleichen und Kosten minimieren" ab Seite 151.

Die Palette reicht bei Investmentfonds von recht schwankungsarmen Anlageprodukten wie offene Immobilien- oder Rentenfonds über Anlagen mit mittlerem Risiko wie Mischfonds bis hin zu risikoreicheren

Aktienfonds. Unabhängig vom Risiko des Inhalts ist Ihr Guthaben geschützt, wenn die Fondsgesellschaft insolvent werden sollte. Daher müssen Fondsanbieter die folgenden Regeln beachten, damit ihre Anlageprodukte in Deutschland zum Vertrieb zugelassen werden:

- Die Fondsgesellschaft darf das ihr anvertraute Geld **nicht verwenden,** um Ausgaben und Investitionen für eigene Zwecke zu tätigen.
- Das Vermögen der Anleger muss auf von der Fondsgesellschaft **getrennten Konten** verwaltet und in der Bilanz in getrennten Rechnungen ausgewiesen werden.
- Anlegergelder dürfen **nicht als Kreditsicherheit** dienen, um Immobilienkäufe, Unternehmensübernahmen oder riskante Spekulationsgeschäfte für die Fondsgesellschaft zu finanzieren.
- Als Gegenleistung für die Verwaltung des Fondsvermögens darf die Fondsgesellschaft sowohl bei der Anlage in Form des **Ausgabeaufschlags** als auch jährlich wiederkehrend einen bestimmten **Prozentsatz des Fondsvermögens** auf ihr eigenes Konto überweisen. Diese Kostensätze müssen jedoch dem Anleger vor dem Zeichnen der Anteile bekannt gegeben werden.

Damit ist das Anlegervermögen im Investmentfonds gesetzlich geschütztes Sondervermögen, das der Manager nur treuhänderisch verwalten, jedoch nicht beleihen oder auf ein eigenes Konto abzweigen kann. Das bietet den Anlegern große Sicherheit – denn mit dieser Konstruktion ist ihr Geld gegen Veruntreuung und Betrug wirksam geschützt.

→ **TIPP Indexfonds als Alternative**
Dieser Abschnitt befasst sich mit Investmentfonds, bei denen das Fondsmanagement eine aktive Auswahl an Wertpapieren vornimmt – in der Hoffnung, damit besser abzuschneiden als der Marktdurchschnitt. Diese Hoffnung wird jedoch auf lange Sicht nur selten Wirklichkeit. Wenn Sie auf das aktive Management verzichten und im Gegenzug Ausgabeaufschläge und Verwaltungsgebühren sparen wollen, können Sie als Alternative börsengehandelte Indexfonds (ETFs) in Betracht ziehen. Wie diese funktionieren, erfahren Sie im Kapitel „Richtig vergleichen und Kosten minimieren“ ab Seite 151.

Aktienfonds

Aktienfonds sammeln das Geld privater Anleger ein und verteilen das Fondsvermögen auf eine Vielzahl einzelner Aktientitel. Vorteilhaft für den Anleger ist, dass auf diese Weise schon mit kleinen Anlagebeträgen das eingesetzte Kapital breit gestreut wird, was gerade bei der Aktienanlage enorm wichtig ist. Innerhalb des Segments der Aktienfonds können die Chancen und Risiken für Sie als Anleger sehr unterschiedlich ausfallen. Die entscheidenden Kriterien liegen nicht nur im richtigen Gespür des Fondsmanagements, sondern in der Ausrichtung des Anlageschwerpunkts und im Managementstil.

Unabhängig vom regionalen oder branchenorientierten Anlageschwerpunkt kann das Fondsmanagement bei der Auswahl der Aktien unterschiedliche Entscheidungskriterien bevorzugen. Im Fachjargon spricht man dabei vom Anlagestil (→ Kasten unten).

HINTERGRUND

Growth und Value: was sich hinter den Anlagestilen verbirgt

„Growth" bedeutet auf Deutsch „Wachstum". Bei diesem Anlagestil stehen vor allem die Zukunftschancen des jeweiligen Unternehmens und weniger die aktuelle Börsenbewertung im Vordergrund. Typische Growth-Werte sind beispielsweise die oftmals hoch bewerteten Unternehmen der Technologie- oder Softwarebranche, deren Kurswert weniger aus echter Gewinn- und Vermögenssubstanz als vielmehr aus der Hoffnung auf künftige Umsatz- und Gewinnsteigerungen resultiert. Kann das Unternehmen die Erwartungen seiner Aktionäre erfüllen, geht die Rechnung auf – die Hoffnung erhält neue Nahrung, und der Kurs steigt weiter. Der Growth-Manager greift zu, wenn das Unternehmen in einem wachstumsstarken Markt aktiv ist, hohe Gewinn- und Umsatzsteigerungen erzielt und eine aggressive Expansionspolitik verfolgt.

„Value" heißt so viel wie „Werthaltigkeit". Bevorzugt werden bei diesem Anlagestil Unternehmen, die einen hohen Substanzwert vorweisen können. Wichtig sind für den Value-Fondsmanager eine möglichst niedrige Verschuldung, ein hoher Stand an Vermögenswerten wie beispielsweise Grundbesitz oder Unternehmensbeteiligungen sowie solide und kontinuierliche Gewinne. Ein weiteres bedeutendes Kriterium ist für den Value-Manager die Bewertung des Unternehmens an der Börse. Der Börsenwert ergibt sich, indem man die Gesamtanzahl der Aktien mit dem Kurs multipliziert – und dieser Wert sollte im Vergleich zu den Vermögenswerten und zum Gewinn möglichst niedrig sein.

Wie heftig die Wertschwankungen bei einem Aktienfonds ausfallen können, hängt zum größten Teil von den Anlageschwerpunkten ab. Dabei gibt es verschiedene Möglichkeiten.

→ **International oder regional.** Wenn ein Fonds weltweit investiert, kann er sein Risiko auf viele verschiedene Märkte verteilen. Auch Aktienfonds, die das Geld ihrer Kunden beispielsweise innerhalb der Eurozone anlegen, haben immerhin noch einige große Industrienationen zur Auswahl. Läuft ein bestimmter Aktienmarkt einmal besonders gut, profitieren Sie als Anleger natürlich nicht in vollem Umfang – aber dafür können Sie Verluste in einem Land mit Kursgewinnen in anderen Staaten ausgleichen. Konzentriert sich ein Fonds hingegen auf Aktien eines einzigen Lands, haben Sie zwar mehr Chancen, Sie tragen aber auch mehr Risiken. Als Basisinvestment sind somit internationale oder europaweit investierende Fonds auf jeden Fall die bessere Wahl.

→ **Standardwerte oder Nebenwerte.** Unter Standardwerten versteht man im Börsenjargon die Schwergewichte – wie etwa in Deutschland den Autohersteller Daimler, den Pharma-Multi Merck oder den Softwarekonzern SAP. Bei solchen Börsenriesen fallen Kursschwankungen meist geringer aus als bei den sogenannten Nebenwerten, unter denen die Börsianer die Unternehmen in der „zweiten Reihe" verstehen. Auch darunter befinden sich oft bedeutende und finanzstarke Konzerne, aber sie sind eben häufig schwankungsanfälliger als die Standardwerte. Allerdings nicht immer: So verloren in der Finanzkrise im Jahr 2008 die damaligen Standardwerte Hypo Real Estate oder Commerzbank mehr als so mancher kleine Börsentitel. Die Manager der Nebenwertefonds spekulieren darauf, dass sich die eine oder andere Aktie im Portfolio zum Standardwert entwickelt und entsprechende Kursgewinne bringt. Allerdings sollten Sie sich darüber im Klaren sein, dass nicht nur die Gewinnchance, sondern auch die Floprate bei Nebenwerten meist höher ist als bei Standardwerten.

→ **Branchenübergreifend oder fokussiert.** Manche Fonds konzentrieren sich auf Aktien aus Branchen, die mit ganz besonderen Zukunftserwartungen verknüpft sind. So gibt es beispielsweise die sogenannten Life-Science-Fonds, die rund um Ernährung, Pharmazeutik, Medizin und Biotechnologie investieren, oder die Telekommunikationsfonds, die ausschließlich Aktien von Unternehmen aus der Telekommunikationsbranche ins Portfolio nehmen. Diese Strategien sind zwar auf den ersten Blick bestechend attraktiv, aber sie bergen teils erhebliche Risiken. Weil an der Börse stets eine gute Portion Psychologie und Mode im Spiel ist, kommt es immer wieder vor, dass einzelne Branchen ohne triftigen Grund für Anleger einfach nicht mehr so interessant sind. Das bedeutet konkret: Sie laufen bei solchen Trendfonds immer Gefahr, beim nächsten Saisonwechsel in der Börsenmode Kursverluste anstatt Gewinne einzufahren.

Diese einzelnen Merkmale lassen sich natürlich nach Belieben miteinander kombinieren. So gibt es genauso internationale Standardwerte-Branchenfonds wie regionale Nebenwertefonds mit und ohne Branchenfokus oder regionale Standardwertefonds.

→ **TIPP Auf Standardwerte setzen**
Als Aktienfondsanleger sollten Sie nach der bewährten Faustregel handeln: Je stärker die Spezialisierung des Fonds, desto geringer sollte sein Anteil an Ihrem Gesamtvermögen sein. Als Basis für Ihre Fondsmischung bieten sich damit breit streuende Standardwerte-Aktienfonds an, während Branchen- und Regionenfonds eher als Beimischung geeignet sind.

HINTERGRUND

Wie wirken sich Währungsschwankungen aus?

Gerade beim Investment in internationale Aktienmärkte sollten Sie bedenken: Nicht nur das Auf und Ab an der Börse, sondern auch Währungsschwankungen können sich auf die Rendite eines Aktienfonds auswirken. Wenn Sie beispielsweise in den USA Aktien kaufen, kann es vorkommen, dass Sie trotz steigender Kurse Verluste machen. Fällt etwa der US-Dollar gegenüber dem Euro um 10 Prozent, bleibt Ihnen auch bei einem 5-prozentigen Anstieg der Aktienkurse unterm Strich ein Verlust von 5 Prozent. Dabei ist es übrigens unerheblich, ob die Anteile des Fonds in Euro oder in einer Fremdwährung notiert sind. Investiert ein in Euro notierter Fonds an der New Yorker Börse, muss der Fondsmanager vor dem Kauf die Euro seiner Kunden in US-Dollar tauschen.
Je höher der Fremdwährungsanteil innerhalb des Fonds, desto größer werden die Währungsrisiken – aber auch die Währungschancen –, die sich für Sie als Anleger ergeben.

Wer in Aktienfonds investiert, kennt die damit verbundenen Risiken und Wertschwankungen. So sollte es zumindest sein. Nun wird auch immer wieder beschrieben, dass zudem ein langer Atem wichtig ist, um Schwächephasen an der Börse einfach auszusitzen. Das stimmt zwar, aber langer Atem allein reicht noch nicht. Denn wenn man in einen Dornröschenschlaf verfällt, könnte es passieren, dass man ordentliche Renditechancen verschläft.

Den optimalen Ausstiegszeitpunkt zu finden – dafür gibt es kein Rezept. Dennoch sollten Sie sich als Aktienfondsanleger in regelmäßigen Abständen mit der Entwicklung in Politik und Wirtschaft befassen und ihre Auswirkung auf die Kapitalmärkte kennen.

Zusätzlich zum langen Atem sollten Sie auch starke Nerven mitbringen. Die Börsenkrisen in den Jahren 2001 und 2008 haben gezeigt, dass bei Aktienfonds kurzfristige Verluste von 30 bis 50 Prozent möglich sind. Dann kann es Jahre dauern, bis eine ordentliche Rendite oder zumindest wieder das investierte Vermögen erreicht wird. Also beantworten Sie sich die folgenden Fragen ganz ehrlich:

1. Haben Sie **genügend Zeit** und können Sie so lange auf das Kapital verzichten?
2. Halten Sie **Verluste** von 30 bis 50 Prozent aus – im schlimmsten Fall auch über Jahre hinweg?

Renten- und Geldmarktfonds

Unter dem Begriff „Rentenfonds“ werden alle Investmentfonds zusammengefasst, die in börsennotierte Anleihen investieren. Ob es sich dabei um sichere Euro-Staatsanleihen oder hoch riskante Schwellenländer-Papiere in Fremdwährungen handelt, hängt von der Anlagepolitik des Fondsmanagements ab. Wichtig zu wissen ist für Sie, dass es innerhalb dieses Fondssegments sehr unterschiedliche Chancen und Risiken gibt. Manche Fonds mit besonders aggressiver Anlagestrategie können sogar fast das Risikoprofil eines Aktienfonds aufweisen.

Wie hoch Gewinnchancen und Schwankungsintensität sind, hängt von drei Faktoren ab:

- **Restlaufzeit** der Anleihen im Fondsportfolio,
- **Bonität** der Anleihenemittenten,
- **Währungsstruktur.**

Rentenfonds mit **langfristig laufenden Papieren** im Portfolio können in Phasen sinkender Zinsen weit überdurchschnittliche Ergebnisse erzielen. Dieser Effekt beruht jedoch weniger auf echten Zinserträgen als vielmehr darauf, dass in Zeiten fallender Zinsen die Kurse von festverzinslichen Anleihen steigen. Wenn Fonds bevorzugt auf festverzinsliche Anleihen mit langer Restlaufzeit setzen, profitieren Anleger vom verlängerten Kurshebel.

Bei Rentenfonds mit Schwerpunkt auf lang laufenden Anleihen riskieren Sie im Gegenzug aber auch starke Renditeeinbußen, wenn die Zinsen steigen. Die Kurse der im Portfolio befindlichen Anleihen werden sinken. Je länger die durchschnittliche Restlaufzeit der festverzinslichen Anleihen, desto größer wird für Sie das Schwankungsrisiko. Der Blick auf die „Duration" eines Fonds gibt hier Orientierung. Sie besagt, wie der Wert einer Anleihe oder eines Anleihefondsanteils steigen würde, wenn der Zins um 1 Prozent fällt und umgekehrt. Je größer die Duration, umso größer die Ausschläge bei verändertem Zinsniveau. Bei einer Duration von 3 Jahren würde demnach bei einer Zinssenkung am Markt um 1 Prozentpunkt der Kurs voraussichtlich um 3 Prozent steigen.

Bescheidenere Wertsteigerungen, aber mehr Sicherheit in Phasen steigender Marktzinsen bieten **Kurzläufer-Rentenfonds,** die zumeist in Schuldverschreibungen mit Restlaufzeiten zwischen einem und fünf Jahren investieren. Wenn die Zinsen steigen, bringen diese Fonds meist stetigere Erträge als die Langläuferfonds.

Dann gibt es noch Fonds, bei denen die Restlaufzeit vom Fondsmanagement je nach Marktsituation **flexibel angepasst** wird. Hier müssen Sie sich jedoch darauf verlassen, dass der Fondsmanager jeweils einen guten Zeitpunkt zum Umschichten erwischt.

Bei **international investierenden Rentenfonds** kommen noch die Schwankungen an den Devisenmärkten hinzu. Das kann für Sie sowohl zu zusätzlichen Gewinnen wie auch zu Verlusten führen. Bei Fonds mit gemischten Währungen hängt das Devisenkursrisiko davon ab, wie hoch der Fremdwährungsanteil innerhalb des Fondsvolumens ist und ob die Anlagen in fremden Währungen gegen Devisenkursschwankungen abgesichert sind.

ACHTUNG

Hochzinsfonds bergen auch hohes Risiko

Aufpeppen lässt sich die Renditechance mit Hochzins-Rentenfonds, die auf Anleihen von Schwellenländern oder Unternehmen setzen. Allerdings wird das Renditeplus mit zusätzlichen Anlagerisiken erkauft. So sind die Kursschwankungen bei solchen Papieren je nach Bonität des Herausgebers deutlich stärker als bei Papieren von Emittenten mit hoher Bonität. Mehr noch: Schlittert der Schuldner in die Pleite, können dessen Anleihen über Nacht sogar wertlos werden. Je nachdem, ob die Fondsmanager auf sichere oder riskante Titel setzen, ergeben sich sehr unterschiedliche Chancen und Risiken für Sie als Anleger.

Geldmarktfonds sind für Anleger konzipiert, die ihr Geld nur kurzfristig zwischenparken oder jederzeit darauf zugreifen wollen. Die Anlage Ihrer eingezahlten Gelder erfolgt hierbei meist in festverzinsliche Wertpapiere mit wenigen Monaten Restlaufzeit oder in Bankguthaben. Das Anlagerisiko der Fonds ist recht gering. Die kurzen Laufzeiten der zur Anlage dienenden Tages- und Termingelder, Geldmarktpapiere und Anleihen mit kurzen Restlaufzeiten schränken die Gefahr von Kursschwankungen stark ein. Verluste sind aber nicht ausgeschlossen.

→ TIPP **Tagesgeldkonto als Alternative**

Geldmarktfonds stehen mit ihrer Ausrichtung auf die kurzfristige und risikoarmen Geldanlage im direkten Wettbewerb zu den Tagesgeldangeboten von Banken – und diese sind kostenlos, während beim Geldmarktfonds Verwaltungsgebühren und gegebenenfalls noch Depotführungskosten anfallen. Die Kostennachteile der Fonds machen sich vor allem in Niedrigzinsphasen bemerkbar, wenn die Erträge von Tagesgeldkonten und den im Fonds enthaltenen Wertpapieren eng beieinanderliegen. Darüber hinaus sind die Ein- und Auszahlungen beim Tagesgeldkonto meist deutlich unkomplizierter zu handhaben als beim Geldmarktfonds.

Mischfonds

Mit Mischfonds können Anleger gleichzeitig in Aktien und Anleihen investieren, ohne dass dafür verschiedene Einzelfonds erworben werden müssen. Allerdings ist das Mischungsverhältnis oftmals sehr unterschiedlich, je nach Ausrichtung können Mischfonds sicherheitsorientierte oder risikofreudige Strategien verfolgen.

- **Defensive Fonds.** Die Manager von defensiv ausgerichteten Mischfonds setzen vor allem auf Anleihen, wobei Aktien als Beimischung für die Verbesserung der Renditechancen betrachtet werden. Der Aktienanteil ist meist auf etwa 20 bis 30 Prozent begrenzt, und die im Fonds enthaltenen Aktien und Anleihen stammen überwiegend aus den Euroländern. Damit bergen diese Fonds in aller Regel auch nur ein geringes Währungsschwankungsrisiko.
- **Ausgewogene Fonds.** Hier werden Anleihen und Aktien in etwa gleich gewichtet. Auch die Währungsmischung zwischen Euro und fremden Währungen ist ausgewogen.
- **Aggressive bzw. offensive Fonds.** Bei diesen Anlageprodukten setzen die Fondsmanager überwiegend auf Aktien. Sowohl bei den Aktien als auch im Anleihenportfolio sind fremde Währungen, manchmal auch von Schwellenländern, stark vertreten. Diese Fonds haben zwar fast dieselben Renditechancen wie Aktienfonds – allerdings sind damit auch vergleichbare Verlustrisiken verbunden.
- **Flexible Mischfonds.** Seit einiger Zeit gibt es vermehrt Mischfonds mit flexibler Ausrichtung. Diese Fonds können je nach Marktlage und Einschätzung des Fondsmanagements einen defensiven, ausgewogenen oder aggressiven Charakter haben. Innerhalb weniger Monate kann sich dann der Fonds von einem defensiven Fonds mit 10 Prozent Aktienanteil in einen fast lupenreinen Aktienfonds wandeln. Bei solchen Fonds gilt es zu überlegen, ob man es dem Fondsmanager zutraut, im richtigen Augenblick immer den passenden Strategieschwenk zu vollziehen. Auch muss es Ihnen zusagen, dass Ihr Geld mal mit wenig Risiko und mal sehr risikoreich angelegt ist.

Dachfonds

Dachfonds investieren das Geld ihrer Anleger nicht in Aktien oder Anleihen, sondern in Anteile anderer Fonds. Das Fondsmanagement versucht herauszufinden, welche Fonds derzeit die besten Renditechancen bieten, und disponiert entsprechend. Ob dabei vorwiegend Aktien- oder Rentenfonds berücksichtigt werden, hängt von der Anlagestrategie des Fonds ab. Je nach Anlegertyp gibt es konservative Dachfonds mit hohem Anleihenanteil, ausgewogene Mischungen und aktienorientierte Wachstumsfonds.

Um Betrügereien wie die von Bernie Cornfeld (→ Kasten Seite 118) auszuschließen, hat der Gesetzgeber heute für diese Anlagegattung festgelegt, dass Dachfonds nur in Fonds investieren dürfen, die selbst in Aktien oder Anleihen investieren, nicht aber in andere Dachfonds. Überdies müssen diese Zielfonds in Deutschland zum Vertrieb zugelassen sein.

HINTERGRUND

Schlechte Geschichte

Die Gattung der Dachfonds hat eine wenig rühmliche Geschichte: Ende der 1960er-Jahre ging der Anlagehai Bernie Cornfeld mit dem Dachfonds Investment Overseas Service IOS auf Kundenfang. Allerdings diente seine verschachtelte Anlagekonstruktion nur einem Ziel: den Anleger nach Strich und Faden über den Tisch zu ziehen. 1970 machte Cornfeld Bankrott und die Anleger schauten in die Röhre. Cornfelds Trick: Der Dachfonds investierte in andere Dachfonds, die wiederum keine Aktien, sondern nur Anteile des ursprünglichen Dachfonds hielten. Damit war das Ganze eine gigantische Luftnummer ohne jegliche Substanz – und als der Betrug aufflog, war das Geld der Anleger schon längst im Bermudadreieck auf Nimmerwiedersehen verschwunden.

Damit haben Sie als Sparer zumindest die Gewähr, dass eine betrügerische Dachfondspleite mit ziemlicher Sicherheit ausgeschlossen werden kann.

Ob Sie mit dem Dachfonds wirklich das große Los ziehen, steht hingegen auf einem anderen Blatt. Bei diesen Fonds kassieren die Anbieter nämlich auf zwei Ebenen: Es werden für die Verwaltung des Dachfonds Gebühren verlangt und dazu kommen noch die Verwaltungskosten der einzelnen Zielfonds. Diesen Kostennachteil müssen die Fondsmanager durch eine besonders clevere Auswahl der Zielfonds zuerst einmal ausgleichen – und das gelingt nur sehr selten.

Offene Immobilienfonds

Wer eine Immobilie als Kapitalanlage kaufen will, braucht viel Geld. Für diejenigen, die auch bei kleineren Anlagesummen auf einen Immobilienanteil im Vermögensmix nicht verzichten wollen, gibt es jedoch eine Alternative: Offene Immobilienfonds bieten die Möglichkeit, schon mit kleinen Beträgen ein Stückchen Grundbesitz zu erwerben.

Diese Investmentfonds funktionieren wie Aktien- oder Rentenfonds. Viele Anleger investieren kleine Beträge und das Fondsmanagement kauft davon keine Wertpapiere, sondern Immobilien. Die Erträge setzen sich aus Mieterträgen und Wertsteigerungen der Objekte zusammen. Herkömmliche Wohnungen oder Mehrfamilienhäuser spielen bei offenen Immobilienfonds indes nur eine untergeordnete Rolle. Der Grund: Wohnungen gelten zwar als wertstabile und sichere Kapitalanlage, aber die Mietrendite liegt meist nur bei etwa 3 bis 5 Prozent – für einen Fondsmanager ist das schlichtweg zu wenig. Die Fonds investieren daher bevorzugt in Gewerbeimmobilien wie Bürohochhäuser oder Einkaufszentren, deren Wert oft im zweistelligen Millionenbereich liegt.

Die Fonds unterliegen wie Aktien-, Renten- und Geldmarktfonds der Kontrolle der Bundesanstalt für Finanzdienstleistungsaufsicht (BaFin). Das Fondsvolumen von meist deutlich mehr als einer Milliarde Euro wird über eine Vielzahl unterschiedlicher Objekte in Deutschland, Europa oder auch weltweit gestreut.

→ **TIPP Von Steuervorteilen profitieren**
Wenn Ihre Zinserträge den Sparerpauschbetrag überschritten haben, bieten offene Immobilienfonds einen Vorteil: Dank steuerlicher Vorteile bei ausländischen Mieterträgen und Veräußerungsgewinnen unterliegt nur ein Teil des Ertrags der Abgeltungsteuer. Etwa 40 bis 50 Prozent der Wertentwicklung bleiben im Schnitt steuerfrei.
Beispiel: Bei 100.000 Euro Anlagesumme und einem Zuwachs von 5 Prozent beträgt der steuerlich relevante Ertrag nicht 5.000 Euro, sondern je nach Fonds rund 2.500 bis 3.000 Euro.

Allerdings ist nicht das komplette Fondsvermögen in Grund und Boden angelegt. Da die Anleger ihre Anteile an die Gesellschaft zurückgeben können, haben die offenen Immobilienfonds eine hohe Liquiditätsreserve. Sie müssen 5 bis 49 Prozent des Fondsvermögens in schnell verfügbaren Anlagen wie festverzinslichen Wertpapieren und Bankguthaben halten. Dieser Anteil fällt je nach Anbieter unterschiedlich aus.

Nicht immer hat die Liquiditätsreserve ausgereicht, um bei massenhaftem Abzug von Anlegergeldern einen reibungslosen Ablauf zu gewährleisten. In den Jahren 2008 und 2009 wurden wegen der weltweiten Kredit-

und Immobilienkrise etliche Fonds vorübergehend dichtgemacht, weil Anleger massenhaft Geld aus diesen Produkten abzogen. Die Aussetzung der Anteilsrücknahme dauerte bei einigen Fonds in der Finanzkrise bis zu 24 Monate. In dieser Zeit kam kein Anleger an sein im Immobilienfonds investiertes Geld. In der Folge mussten einige Fonds abgewickelt werden.

Die Anlage in offene Immobilienfonds sollte auf jeden Fall als langfristiges Investment geplant werden, denn beim Kauf der Fondsanteile wird ein Ausgabeaufschlag von rund 5 Prozent erhoben – im Verhältnis zu den Renditechancen ist dies deutlich mehr als bei anderen Fondsgattungen. Je länger die Anlagedauer, desto besser wird dieser Kostenfaktor verteilt und umso geringer sind die dadurch verursachten Renditeeinbußen.

§ GESETZLICHE GRUNDLAGEN

Einschränkungen bei der Rückgabe von Fondsanteilen

Aufgrund der Turbulenzen in der Vergangenheit wurden im Jahr 2013 neue gesetzliche Regelungen im Kapitalanlagegesetzbuch eingeführt. Seitdem kommt es darauf an, wann Anteile an offenen Immobilienfonds erworben worden sind. Grundsätzlich gelten für alle Käufe nach dem 22. Juli 2013 eine Mindesthaltefrist von 24 Monaten und eine 12-monatige unwiderrufliche Kündigungsfrist. Die Kündigung kann bereits innerhalb der ersten 24 Monate ausgesprochen werden. Für Fondsanteile, die zwischen Januar 2013 und 21. Juli 2013 gekauft worden sind, gelten dieselben Mindesthalte- und Kündigungsfristen – jedoch mit einer Ausnahme: Sie sind nur einzuhalten, wenn Sie Anteile mit einem Gegenwert von mehr als 30.000 Euro pro Halbjahr zurückgeben wollen. Unabhängig vom Kauftermin gilt grundsätzlich: Die Fondsgesellschaft kann fixe Termine für die Anteilsrücknahme vorgeben. Sie könnte sogar nur einen Tag pro Jahr für die Anteilsrücknahme festlegen.

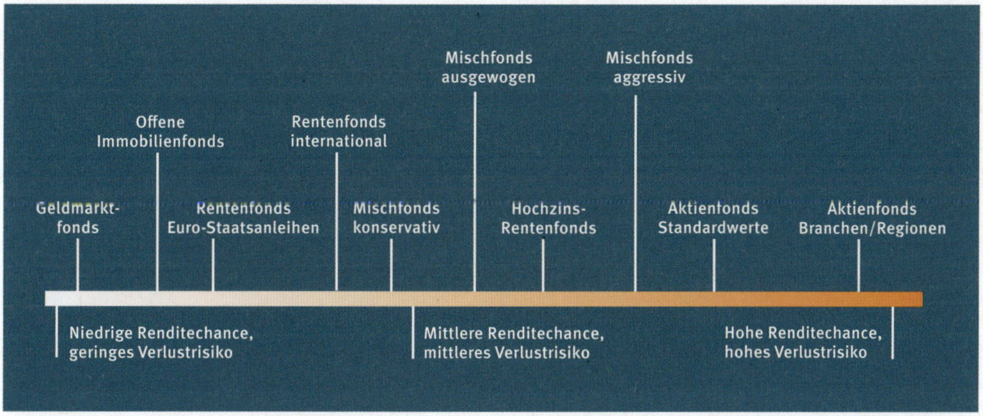

CHECKLISTE

Offene Immobilienfonds

- Investieren Sie **nur einen Teil Ihres Vermögens** in offene Immobilienfonds.
- Verhandeln Sie einen deutlichen **Rabatt** von zum Beispiel 50 Prozent auf den Ausgabeaufschlag!
- Beachten Sie die Mindesthalte- und **Kündigungsfristen** und gegebenenfalls fixe Rückgabetermine.
- In **welchen Ländern** befinden sich die Immobilien?
- Streuen sie **international?** Wie haben sich diese Immobilienmärkte entwickelt?
- Wie hoch ist die **Vermietungsquote?** Sie sollte deutlich über 90 Prozent liegen.
- Wie lange laufen die Mietverträge noch? Nur bei langer **Restlaufzeit** können Sie weiterhin von relativ stabilen Erträgen ausgehen.
- Lassen Sie sich nicht von den **Steuervorteilen** blenden! Befragen Sie im Zweifel Ihren Steuerberater, ob Sie wirklich davon profitieren können.
- Wenn Sie in offene Immobilienfonds investieren, sollten Sie grundsätzlich einkalkulieren, dass auch diese Fonds **negative Renditen** aufweisen können oder zwischenzeitlich die Anteilsrücknahme ausgesetzt werden kann.

Nachhaltige Geldanlagen

Investieren mit gutem Gewissen ist mehr als nur eine Modeerscheinung. Vor allem nachdem im Zuge der globalen Finanzkrise die Exzesse der Banken- und Investmentbranche zutage getreten sind, möchten viele Menschen mit ihrem Geld nicht nur Gewinn machen, sondern ihr Kapital auch für einen moralisch vertretbaren Zweck einsetzen.

Kapitalanlagen, die neben der Renditeperspektive auch eine ethische Komponente bieten, werden als „nachhaltig" bezeichnet. Dabei stehen Aspekte wie Umweltschutz und das soziale Verhalten von Unternehmen im Blickpunkt. Als Anleger können Sie unter dieser Prämisse unterschiedliche Finanzprodukte wählen.

Was der Begriff „Nachhaltigkeit" bedeutet

Als Anleger stellen Sie einem Unternehmen oder Staat auf direkte oder indirekte Weise Geld zur Verfügung. Dies kann beispielsweise in Form von Eigenkapital geschehen, indem Sie Aktien oder Anteile an Aktienfonds erwerben und damit zum Miteigentümer von Unternehmen werden. Oder Sie kaufen Anleihen bzw. Anteile an Rentenfonds und stellen damit dem Anleihenherausgeber – also einem Unternehmen oder einer staatlichen Organisation – zusammen mit vielen weiteren Anleiheinvestoren einen Kredit zur Verfügung. Selbst wenn Sie Ihr Geld bei einer Bank anlegen, speisen Sie es auf indirekte Weise in den Wirtschaftskreislauf ein: Die Einlagen der Kunden werden nämlich größtenteils wieder als Kredite an Unternehmen oder Privatpersonen ausgegeben.

Da stellt sich für viele Anleger die Frage: Was passiert eigentlich konkret mit meinem Anlagekapital? Bei der Vorstellung, dass damit auch moralisch fragwürdige Geschäfte wie Waffenexporte oder Kredite an korrupte Staaten mitfinanziert werden könnten, wird so manchem Privatinvestor mulmig zumute.

Ursprünglich stammt der Begriff aus der Forstwirtschaft und beschreibt die langfristig schonende wirtschaftliche Nutzung des Waldes, indem maximal so viel Holz geschlagen wird, wie neue Bäume nachwachsen. In der Politik wurde das Thema „Nachhaltigkeit" erstmals im Jahr 1987 im Abschlussbericht der sogenannten Brundtland-Kommission der breiten Öffentlichkeit präsentiert. Die Kommission verfasste unter dem Vorsitz der ehemaligen norwegischen Premierministerin Gro Harlem Brundtland ein Positionspapier für die Vereinten Nationen, in dem die umwelt- und sozialverträgliche Entwicklung von Staaten skizziert wurde.

Die Kriterien, die sich dabei herauskristallisierten, wurden im Lauf der Zeit auf die Betrachtung der Wirtschaft übertragen: Ein Unternehmen, das dem Anspruch der Nachhaltigkeit gerecht werden will, soll umweltschonende Produktionsmethoden einsetzen und den Verbrauch von Ressourcen minimieren, fair mit seinen Mitarbeitern und Geschäftspartnern umgehen und sich klar von Korruption und anderen unethischen Geschäftspraktiken distanzieren.

Ähnlich gelagert sind die Wertvorstellungen, die Kirchen bei der Anlage kircheneigener Gelder anlegen. Auch hier sind ähnliche Kriterien bei der Auswahl der Unternehmen zu finden, in die eine kirchliche Institution beispielsweise über Aktiengeschäfte investieren darf.

Die Effekte unterschiedlicher Anlageformen

Bei der Auswahl nachhaltiger Kapitalanlagen steht Ihnen eine breite Palette unterschiedlicher Finanzprodukte zur Verfügung. Es gibt nachhaltige Investmentfonds, Anlagekonten bei Banken mit nachhaltig orientierten Geschäftsstrategien und Direktinvestitionen in Umwelt- oder Sozialprojekte.

Dabei stellt sich nicht nur die Frage nach der Nachhaltigkeit der Finanzanbieter, sondern auch nach der Nachhaltigkeit Ihres Handelns: Welchen konkreten Effekt hat Ihr Geld auf das betreffende Unternehmen oder Projekt? Die Antwort kann je nach Anlagegattung ganz unterschiedlich ausfallen.

Den geringsten Effekt haben Aktiengeschäfte und der Erwerb von Anteilen an Nachhaltigkeits-Aktienfonds. Sie – oder die Fondsmanager – kaufen lediglich Aktien, die an der Börse zum Verkauf angeboten werden. Das Geld fließt somit zunächst einmal nicht dem Unternehmen, sondern demjenigen zu, der die Aktien verkauft. Nur wenn ein Privatanleger oder Investmentfonds im Rahmen einer Kapitalerhöhung neue Aktien zeichnet, erhält das Unternehmen dadurch neue Geldmittel. Gleiches gilt auch für den

Erwerb von bereits im Umlauf befindlichen Anleihen über die Börse. Erst wenn es den Ethik-Investoren gelingt, eine hohe Nachfragemacht aufzubauen, sind konkrete Auswirkungen auf dem Markt spürbar.

Mittlere Effekte können entstehen, wenn Privatanleger oder Fonds an einer Anleihenemission teilnehmen. Hier wird mit der Ausgabe neuer Anleihen dem Unternehmen oder dem Staat ein Kredit zur Verfügung gestellt. Auch die Geldanlage bei nachhaltig wirtschaftenden Banken kann konkrete Auswirkungen nach sich ziehen. Je höher die Kundeneinlagen einer Bank, umso mehr Kredite kann sie an ökologisch oder sozial wirtschaftende Kunden vergeben. Eine Bank mit einer Vielzahl an Anlagekunden und entsprechend hohen Kundeneinlagen hat es folglich leichter, Kredite an nachhaltig wirtschaftende Unternehmen auszureichen.

Den direktesten Effekt haben Investitionen, die ohne Umwege Nachhaltigkeits- oder Umweltprojekten zugute kommen. Wenn Sie beispielsweise eine Fotovoltaikanlage errichten, können Sie nicht nur den Strom zum Festpreis an den Netzbetreiber verkaufen, sondern sorgen damit für eine messbare Reduzierung des Ausstoßes an klimaschädlichem Kohlendioxid. Problematisch kann jedoch bei Direktinvestitionen das Verlustrisiko werden: Wenn gezielt ein bestimmtes Projekt finanziert wird und dieses scheitert, ist das Geld verloren.

Nachhaltige Investmentfonds

Trotz des eher geringen Einflusses auf die Finanzierungsmöglichkeiten nachhaltiger Unternehmen haben sich nachhaltige Aktien- und Mischfonds zu den beliebtesten grünen Anlageprodukten entwickelt. Laut der Statistik des Forums für nachhaltige Geldanlagen (FNG) hat sich in Deutschland, der Schweiz und Österreich das Volumen von Nachhaltigkeitsfonds und entsprechender Vermögensverwaltungsmandate zwischen 2008 und Ende 2015 von 23 Milliarden Euro auf 257 Milliarden Euro mehr als verzehnfacht.

HINTERGRUND

Wichtige Nachhaltigkeitsindizes im Überblick

- **Dow Jones Sustainability Index (DJSI).** Nachhaltigkeitsindex nach dem Best-in-Class-Ansatz, der alle Branchen umfasst. Wichtige Indexvarianten sind der DJSI Global mit mehr als 300 Aktien aus der ganzen Welt und der DJSI Stoxx mit 160 europäischen Aktien.
- **FTSE4Good.** Nachhaltigkeitsindex, bei dem die Unternehmen branchenspezifische Kriterien in Sachen Menschenrechte, Sozialstandards und Umweltschutz einhalten müssen. Ausgeschlossen sind Produzenten von Tabakwaren und Waffen. Auch hier gibt es eine Europa- und Weltvariante sowie einzelne Länderindizes.
- **Domini 400 Social Index.** Ethikindex, der außer Nachhaltigkeitskriterien auch Belange der zumeist kirchlichen Anleger berücksichtigt, die sich an diesem Index orientieren. Tabu sind Waffenproduzenten, Tabakkonzerne, Hersteller von Alkoholgetränken, Kernkraftwerksbetreiber und Unternehmen aus der Glücksspielbranche.
- **Natur-Aktien-Index.** Dies ist einer der grünsten aller Aktienindizes, allerdings sind darin nur 30 Unternehmen enthalten. Die regionale Streuung ist global, die Größe der Unternehmen zählt zumeist zum mittleren Segment, viele Branchen sind gänzlich ausgeschlossen.

Allerdings hinterlässt ein Blick ins Aktienportfolio der Fonds oft gemischte Gefühle, denn dort finden sich häufig Aktien von ganz normalen Unternehmen, die man nicht unbedingt mit ökologischen oder sozialen Aktionen in Verbindung bringt. Zementhersteller mit hohem Energieverbrauch, Maschinenbaukonzerne, Automobilhersteller und zuweilen sogar Ölkonzerne und Chemieriesen tauchen immer wieder in den Anlagelisten auf. Solche Unternehmen sind auch hoch offiziell in speziellen Nachhaltigkeits-Aktienindizes wie dem Dow Jones Sustainability Index (DJSI) oder dem FTSE-4Good gelistet.

Der Grund: Bei einer Nachhaltigkeitsauswahl kommt meist der sogenannte Best-in-Class-Ansatz zum Einsatz. Innerhalb der jeweiligen Branche werden die Unternehmen bevorzugt, die in Bezug auf Umweltschutz und Sozialstandards die strengsten Kriterien anwenden. Dann sind zwar die Ölkonzerne im Depot, die bei der Ölförderung die wenigsten Umweltschäden verursachen, aber ausgeschlossen ist diese Branche keineswegs.

Für strenge ethisch-ökologische Anleger, denen der Best-in-Class-Ansatz nicht weit genug geht, gibt es eine Vielzahl von aktiv gemanagten Fonds mit Ausschlusskriterien für bestimmte Branchen oder Handlungsweisen wie beispielsweise ausbeuterische Kinderarbeit, Atomkraft, Rüstungsgüter. Informationen mit ausführlichen Nachhaltigkeitsprofilen von Fonds sowie Fondsvergleiche finden Sie unter anderem bei *Finanztest* und beim Forum nachhaltige Geldanlage (www.forum-ng.org). Eine weitere gute Informationsquelle ist das Internetportal www.nachhaltiges-investment.org.

„Grüne" Aktienfonds mit dem Umweltschutz als Schwerpunkt konzentrieren sich auf wenige Branchen. Schwerpunkt sind meist Unternehmen aus den Bereichen Wind- und Sonnenenergie, Naturmedizin, Handel mit ökologischen Produkten, Recycling und Wasseraufbereitung. Allerdings wird hier die Auswahl eng, wie ein Blick in den Natur-Aktien-Index (NAI) zeigt, der nur 30 Unternehmen umfasst. Vergebens sucht man dort Vertreter aus Telekommunikation und Automobilbau, ebenso wenig sind Großbanken, Computerunternehmen und Versicherungskonzerne zu finden.

→ **TIPP Streng oder locker?**
Vor dem Einstieg in einen Nachhaltigkeitsfonds sollten Sie sorgsam überlegen, welche konkreten Maßstäbe Sie anlegen wollen. Wer den großzügigen Kompromiss eingeht und auf Nachhaltigkeit setzt, hat eine moralisch leicht aufgepeppte Mischung aus den klassischen Branchen, kann aber im Gegenzug mit der breiten Streuung sein Schwankungsrisiko reduzieren. Bei reinen Themen- und Branchenfonds wird die ökologische Konsequenz mit einer starken Branchenfokussierung und entsprechend höherem Wertschwankungsrisiko erkauft.

Problem: keine einheitlichen Kriterien
Ulrike Brendel, Leiterin des Projekts „Gut fürs Geld, gut fürs Klima“ bei der Verbraucherzentrale Bremen, bemängelt die oft fehlende Transparenz bei nachhaltigen Investmentfonds: „Das Problem für Anleger ist, dass sie oft nicht auf den ersten Blick sehen, welche ethisch-ökologischen Auswahlkriterien angewendet werden. Fast jede Fondsgesellschaft legt andere Maßstäbe an, einheitliche Kriterien gibt es nicht. Hilfreich kann ein Blick in das aktuelle Portfolio des Fonds sein, das im Internetauftritt des Anbieter abrufbar ist. Hier können sich Anleger ein Bild machen, in welche Unternehmen oder Staaten der Fonds investiert ist.“

Im Übrigen gelten für Nachhaltigkeitsfonds dieselben Kriterien wie für herkömmliche Investmentfonds: Bedenken Sie, dass Aktien von nachhaltigen Unternehmen denselben Schwankungsrisiken unterliegen wie herkömmliche Aktien. Daher sollten Sie nachhaltige Aktienfonds nur mit einem langen Anlagehorizont kaufen.

CHECKLISTE

Worauf Sie bei der Auswahl grüner Fonds achten sollten

- **Bevorzugen Sie Fonds,** die schon seit mehreren Jahren am Markt sind und möglichst langfristig eine überdurchschnittliche Rendite erzielen konnten.
- Achten Sie auf die **Kostenstruktur** des Fonds. Je höher die Nebenkosten, umso schwieriger wird es auf lange Sicht, einen attraktiven Gewinn zu erzielen. Fonds mit sehr strengen Kriterien und externem Research weisen auch häufig höhere Kosten auf.
- **Meiden Sie kleine Fonds** mit einem Volumen von weniger als 50 Millionen Euro – hier laufen Sie Gefahr, dass die Fonds mangels Masse im Lauf der Zeit geschlossen und Sie als Anleger aus dem Fonds hinausgedrängt werden.
- Mittlerweile gibt es auch kostengünstige **Indexfonds** (ETFs, → auch Seite 166), die einen Nachhaltigkeitsindex abbilden. Für diejenigen, die zugunsten einer möglichst niedrigen Kostenquote auf das Fondsmanagement verzichten, können solche Anlageprodukte eine sinnvolle Alternative zu aktiv gemanagten Fonds sein.

Umwelt- und Sozialbanken

Geld verdienen ohne Gier und gleichzeitig Gutes tun: Diese scheinbaren Widersprüche wollen nachhaltig wirtschaftende Banken unter einen Hut bringen. Zwar werden auch in solchen Instituten ganz normale Bankprodukte wie Tagesgeld- und Girokonten, Sparbriefe und Darlehen angeboten sowie Investmentfonds und Versicherungen vermittelt. Doch alle Geschäfte sollen nach dem Anspruch der Banken unter der Prämisse stehen, dass man die Kunden fair behandelt, soziale Aspekte berücksichtigt und die Finanzierung von umweltfreundlichen oder sozial ausgerichteten Unternehmen und Projekten in besonderem Maße fördert.

Im Umfeld der katholischen und evangelischen Kirche haben sich einige Kreditinstitute etabliert, die ihre Leistungen in erster Linie kirchlichen Mitarbeitern und kirchennahen Unternehmen anbieten. Darüber hinaus bekennen sich einzelne Geldinstitute in Deutschland zu einer nachhaltig, ökologisch und sozial ausgerichteten Geschäftspolitik und bieten ihre Produkte und Dienstleistungen einem breiten Publikum an. Dabei handelt es sich in erster Linie um die vier nachfolgend genannten Banken.

- **GLS Bank.** Die genossenschaftliche GLS Bank mit Hauptsitz in Bochum wurde im Jahr 1974 als „Gemeinschaftsbank für Leihen und Schenken" gegründet und war das erste deutsche Geldinstitut, das soziale und ökologische Ziele in seine Satzung aufnahm. Ursprünglich standen Geschäfte mit anthroposophischen Einrichtungen wie beispielsweise Waldorfschulen im Vordergrund, heute bietet die Bank ihre Leistungen der breiten Allgemeinheit an. Bei der Geldanlage können Kunden entscheiden, welche Projekte – etwa Senioreneinrichtungen, Schulen, ökologische Landwirtschaftsbetriebe oder regenerative Energieprojekte – schwerpunktmäßig mit dem angelegten Geld finanziert werden sollen. Angeboten werden praktisch alle wichtigen Bankprodukte wie Girokonto, Sparbriefe und -konten, Unternehmens- und Baufinanzierungen, Fonds und Beteiligungen. Die Geschäfte können in einer der bundesweit sieben Niederlassungen oder über das Internet abgewickelt werden. Bei der Einlagensicherung ist die GLS Bank an das Sicherungssystem der genossenschaftlichen Banken angeschlossen.
- **Triodos Bank.** Die Triodos Bank mit Hauptsitz in den Niederlanden ist ebenfalls dem Umfeld der Anthroposophie zuzurechnen und gilt mit gut 600.000 Kunden als größte Nachhaltigkeitsbank Europas. In Deutschland verfügt sie lediglich über eine Niederlassung in Frankfurt, von wo sie als Direktbank ein Girokonto und einige Anlageprodukte anbietet. Kredite werden in Deutschland nur an Firmenkunden ausgegeben. Weil die deutsche Niederlassung rechtlich nicht eigenständig ist, erfolgt die Absicherung der Kundeneinlagen über die niederländische Einlagensicherung. Dort liegt die Sicherungsgrenze bei 100.000 Euro pro Anleger, was aufgrund der EU-weiten Harmonisierung der gesetzlichen Einlagensicherung in Deutschland entspricht.
- **Umweltbank.** Die im Jahr 1995 gegründete Umweltbank ist eine Privatbank, deren Aktien am Freiverkehr der Börse München gehandelt werden. Der Schwerpunkt im Finanzierungsgeschäft liegt auf der Finanzierung von ökologischen Projekten wie Wind- und Solarparks und Bio-Landwirtschaftsbetrieben. In die Kritik geriet das Geldinstitut laut einem Bericht des Magazins *Finanztest* im März 2012, weil sich Anleger über die Risiken, die mit einigen von der Umweltbank vertrie-

benen Windkraft-Beteiligungen verbunden waren, nicht ausreichend aufgeklärt fühlten. Als eigene Produkte bietet die Umweltbank Anlage- und Sparkonten sowie Kredite an, ein Girokonto ist nicht mit dabei. Weil die Bank nur der gesetzlichen Einlagensicherung angeschlossen ist, sind Kundengelder bis maximal 100.000 Euro pro Anleger versichert.

→ **Ethikbank.** Die Ethikbank ist kein eigenständiges Kreditinstitut, sondern eine Zweigniederlassung der Volksbank Eisenberg. Sie tritt bundesweit als ökologische Direktbank auf und bietet Girokonten sowie unterschiedliche Anlage- und Kreditprodukte an. Die Kunden werden umfassend über die Zusammensetzung der bankeigenen Kapitalanlagen und der ausgegebenen Kredite informiert. Über die Muttergesellschaft gehört die Ethikbank dem genossenschaftlichen Einlagensicherungssystem an.

BEISPIEL

Grün anlegen bei der konventionellen Bank

Regionale Sparkassen und Genossenschaftsbanken sind zwar keine Nachhaltigkeitsbanken im eigentlichen Sinn. Doch etliche Institute aus diesen beiden Gruppen bieten sogenannte klimafreundliche Geldanlagen an, mit denen vorrangig Investitionen zur Energieeinsparung oder zur Produktion von Energie aus erneuerbaren Quellen finanziert werden sollen. Meist werben die Anbieter damit, dass mit dem angelegten Geld regionale Klimaschutzprojekte oder soziale Investitionen finanziert werden. Gerne werden dabei Kommunen oder Stadtwerke als Kooperationspartner mit ins Boot geholt. Ein wichtiges Kriterium ist bei solchen Spar- und Anlageprodukten die Transparenz. So sollte das Geldinstitut darlegen, in welche konkreten Projekte das Geld fließt. Auch eine regelmäßig aktualisierte Übersicht zur Mittelverwendung sollte bei diesen Angeboten zum Standard gehören.
Die Verbraucherzentrale Bremen hat eine Übersicht zu den angebotenen Anlageprodukten von ökologisch-ethischen und konventionellen Geldinstituten erstellt, die regelmäßig aktualisiert wird. Die Ergebnisse können abgerufen werden unter www.verbraucherzentralebremen.de/klimafreundliche-sparanlagen.

Wenn Sie eine Bankverbindung mit einem nachhaltig wirtschaftenden Geldinstitut eingehen wollen, sollten Sie im Vorfeld einige Überlegungen anstellen.

Recht einfach ist der Entscheidungsprozess beim Abschluss eines **Spar- oder Anlagekontos.** Sofern Sie weniger als 100.000 Euro anlegen wollen, können Sie dank der innerhalb des Euro-Raums vereinheitlichten Mindestsicherung auch Geldinstitute in Betracht ziehen, die nur die gesetzliche Mindestsicherung vorweisen können. Ob beim Vergleich eher die Rendite oder der ethisch-ökologische Nutzen im Vordergrund steht, müssen Sie selbst entscheiden. Generell sollten Sie wie bei anderen Anlageprodukten auch darauf achten, ob die Zinsen variabel oder fest sind, ob Zuzahlungen geleistet werden dürfen und ob die Bank bei Bedarf auch während der regulären Laufzeit die vorzeitige Kündigung ermöglicht.

Wenn Sie mit Ihrem **Girokonto** zu einer ökologisch-ethischen Bank wechseln wollen, sollten Sie sich zunächst darüber im Klaren sein, dass kaum einer der Anbieter ein kostenloses Girokonto vorweist. Darüber hinaus ist die Bargeldversorgung ein Gesichtspunkt, der im alltäglichen Bankgeschäft nicht zu unterschätzen ist. Hier sind genossenschaftlich organisierte Geldinstitute im Vorteil, weil deren Kunden meist kostenlosen Zugriff auf alle inländischen Geldautomaten der Volks- und Raiffeisenbanken haben. Ist eine Bank hingegen keinem Geldautomatenverbund angeschlossen, müssen Sie bei jeder Geldabhebung die Gebühren zahlen, die der Betreiber des Geldautomaten erhebt. In Einzelfällen können dies bis zu 5 Euro pro Abhebung sein. Damit können je nach Häufigkeit der Geldabhebungen übers Jahr zusätzliche Kosten von 50 bis 100 Euro entstehen.

WICHTIG

Zugeständnisse für den guten Zweck

Wenn Sie Produkte von nachhaltig orientierten Banken allein nach Rendite- und Kostengesichtspunkten vergleichen, kommen diese Geldinstitute für Sie eher weniger infrage. Beim Abschluss einer Geldanlage, eines Kredits oder Girokontos müssen Sie bereit sein, für den guten Zweck gewisse finanzielle Zugeständnisse einzugehen. Mit den Konditionen von Direktbanken können nachhaltige Geldinstitute in aller Regel nicht mithalten. Sie bewegen sich meist im Mittelfeld der Filialbanken.

Grüne Anlagen am grauen Kapitalmarkt

Außerhalb der gesetzlich regulierten Anlagekonten und Investmentfonds gibt es auch Anlageprodukte des grauen Kapitalmarkts, die Anleger mit der Verknüpfung von Rendite und sozialem Gewissen locken. Wie bei allen anderen Offerten dieses Marktsegmentes gilt auch hier: Es gibt auch seriöse Anbieter, doch ist es mangels Transparenz äußerst schwer, die Spreu vom Weizen zu trennen.

Meist handelt es sich bei solchen Anlageangeboten um Beteiligungsmodelle, die auch als „geschlossene Fonds" bezeichnet werden, oder um außerbörslich gehandelte Wertpapiere in Form von Anleihen oder Genussscheinen. Grundsätzliche Hinweise zu diesen Anlagegattungen finden Sie im Kapitel „Nachteilige Anlageprodukte" ab Seite 137.

Angesichts einiger spektakulärer Pleiten in den vergangenen Jahren ist von nicht börsennotierten Wertpapieren und geschlossenen Fonds grundsätzlich abzuraten. Dies gilt auch dann, wenn es um grüne Unternehmungen geht. Wenn Sie mit Ihrem Anlagekapital Umweltschutz und Nachhaltigkeit fördern wollen, ist das Anlagekonto bei einer Nachhaltigkeitsbank oder der Erwerb von Anteilen an grünen Investmentfonds die bessere Alternative. Oder Sie investieren Ihr Geld ohne Umweg über eine Bank oder einen Fondsinitiator direkt in den Klimaschutz.

Direkte Investitionen in den Klimaschutz

Auch wenn es sich nicht um Geldanlagen im klassischen Sinne handelt, können direkte Investitionen in den Klimaschutz auch eine ganz konkrete Rendite erwirtschaften. Diese Alternative können Sie vor allem dann in Erwägung ziehen, wenn Sie Eigentümer eines selbst genutzten älteren Eigenheims sind.

Denn: Das Geld, das Sie für die energetische Sanierung ausgeben, zahlt sich zum einen in Form einer besseren Werterhaltung Ihrer Immobilie und zum anderen durch die Ersparnis bei den Energiekosten aus – und darüber hinaus tun Sie etwas für den Umweltschutz.

Dabei sind es oftmals die kleineren Modernisierungen, die im Verhältnis zu den Kosten – also dem „angelegten Geld" – eine besonders gute Rendite bringen. Die gemeinnützige Beratungsgesellschaft co2online hat einige typische Modernisierungsmaßnahmen unter die Lupe genommen und errechnet, nach wie vielen Jahren die Kosten durch die eingesparten Energiekosten wieder hereingespielt sind. Hier ein paar ausgewählte Beispiele:

→ **Dämmung der Rollladenkästen.** Wenn Ihre Rollladenkästen nach innen in die Wohnräume ragen und noch nicht gedämmt sind, sollten Sie dies schleunigst nachholen. Zusammen mit einer Abdichtung der Gurtdurchführung mit einer Bürstendichtung winkt Ihnen eine regelrechte Traumrendite. Wenn Sie die nicht allzu schwierigen Arbeiten selbst erledigen, kommen Sie oft mit einem niedrigen dreistelligen Betrag aus – und der kann innerhalb von zwei Jahren durch geringere Heizkosten zurückgezahlt sein.

→ **Dämmen von Heizungs- und Warmwasserrohren im Keller.** Das ist eine Maßnahme, die mit Kosten von oft nur 100 bis 150 Euro auch bei klammem Geldbeutel problemlos machbar ist. Wenn die Leitungen in kalten Räumen liegen, hat sich die Maßnahme schon nach fünf Jahren bezahlt gemacht.

→ **Optimierung der Heizungsanlage.** Hier muss kein Brenner ausgetauscht werden, sondern es findet ein hydraulischer Ausgleich statt, die alte Umwälzpumpe wird durch ein modernes stromsparendes Modell ersetzt und die Heizkörper erhalten Thermostatventile. In einem Einfamilienhaus betragen die Kosten rund 1.500 Euro und amortisieren sich im Lauf von etwa sechs Jahren.

→ **Einbau eines neuen Brennwertkessels.** Wenn der veraltete Kessel gegen ein besonders energiesparendes Modell ausgetauscht wird, sollten Sie dafür rund 7.000 Euro veranschlagen. Die Amortisationsdauer liegt bei rund zehn Jahren.

Auch die Erzeugung von Strom oder Wärme – etwa zur Unterstützung der Heizung oder zur Warmwasserbereitung – aus Solarenergie kann ein langfristig lohnenswertes Investment darstellen. Dank des Gesetzes zur Einspeisung erneuerbarer Energie (EEG) können Sie als Betreiber einer Solaranlage mit einer festen Ausschüttung pro Kilowattstunde kalkulieren. Dabei sollten Sie allerdings berücksichtigen, dass die Einspeisevergütungen im stetigen Sinkflug begriffen sind und aufgrund finanzieller Anreize Eigenverbrauch und Stromspeicherung an Bedeutung gewinnen.

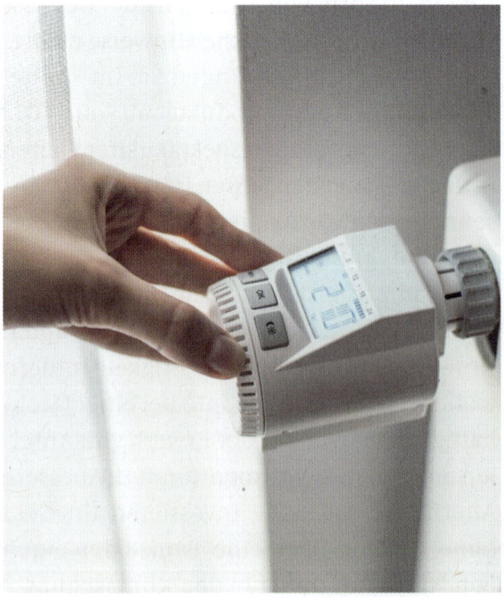

€ FINANZEN

Schöngerechnete Sonnenrendite

Vorsichtig sollten Sie sein, wenn Ihnen ein Anlagenanbieter eine besonders hohe Rendite ausrechnet. Denn: Mit einem einfachen Trick lässt sich die Anlagenrendite schönrechnen.
Wenn Sie beispielsweise eine Fotovoltaikanlage mit 7 Kilowatt Maximalleistung zum Preis von 12.000 Euro installieren, dürfte Ihnen bei der aktuellen Einspeisevergütung und unter Berücksichtigung der Kostenersparnis durch Eigenverbrauch der Anbieter einen jährlichen Bruttoertrag von 1.300 Euro prognostizieren. Werden davon noch Versicherungs- und Wartungskosten von 300 Euro abgezogen, bleiben 1.000 Euro übrig, was einer Rendite von 8,33 Prozent entspricht. Der schöne und ökologisch korrekte Gewinn hat nur ein Manko: Er stimmt nicht.
Warum? Weil Sie Ihre Fotovoltaikanlage nicht einfach nach 20 Jahren wieder zum einstigen Preis verkaufen können, ist diese Investition nicht vergleichbar mit einer Geldanlage, die irgendwann fällig und wieder ausgezahlt wird. Das bedeutet, dass Sie den Wertverlust über die voraussichtliche Lebensdauer der Anlage verteilen müssen.
Bei einer Lebensdauer von 20 Jahren resultiert daraus eine jährliche Wertminderung von 600 Euro, die vom Ertrag abgezogen werden muss – und dann reduziert sich die Sonnenstrom-Rendite auf realistische 3,33 Prozent.

Das Verhältnis von Aufwand und Ertrag verbessert sich bei Fotovoltaikanlagen mit zunehmender Leistung. Dafür braucht es jedoch das erforderliche Kapital und die nötige Dachfläche. Warum also sollte man nicht zusammen mit anderen Investoren eine größere Anlage errichten?

Die Umsetzung dieses Gedankens erfolgt vielerorts in Form von Energiegenossenschaften. Häufig ist neben den privaten Initiatoren noch die Gemeinde- oder Stadtverwaltung mit im Boot, die oft auch gleich die erforderlichen Dachflächen auf öffentlichen Gebäuden zur Verfügung stellt. Die Bürgerinnen und Bürger können sich mit Genossenschaftsanteilen beteiligen, wobei in der beschlussfassenden Generalversammlung jeder Teilhaber unabhängig von der Anzahl seiner Anteile eine Stimme hat. Die Entmündigung kleinerer Mitinhaber durch einen dominierenden Großinvestor ist damit nach dem Genossenschaftsgesetz nicht möglich.

V509583148
EKP

Nachteilige Anlageprodukte

Werbung und Wirklichkeit stimmen längst nicht immer überein – das trifft auch auf die Geldanlage zu. Jahr für Jahr verlieren Verbraucher Milliardenbeträge aufgrund fehlerhafter Anlageberatung und unpassender Finanzprodukte. Grund genug also, sich über die Angebote zu informieren, um die Sie besser einen Bogen machen sollten.

Längst nicht jedes Anlageangebot bringt Ihnen am Ende auch Gewinn. Und wenn es Rendite erwirtschaftet, bleibt diese aufgrund gut versteckter interner Kosten zuweilen weit hinter den Erwartungen zurück. Oft handelt es sich bei enttäuschenden Finanzprodukten um komplexe Konstruktionen, bei denen die Anbieter während der Laufzeit weitgehend unbemerkt versteckte Gebühren abziehen können. Und dann gibt es noch Offerten, die von vornherein darauf ausgelegt sind, dem arglosen Anleger auf betrügerische Weise das Geld aus der Tasche zu ziehen. Im Folgenden finden Sie Informationen über häufig auftretende nachteilige, fragwürdige und unseriöse Finanzangebote.

Versicherungssparen

Versicherungssparverträge werden in Form von kapitalbildenden Lebensversicherungen und privaten Rentenversicherungen angeboten. Ihre Versicherungsbeiträge werden dabei intern in einen Verwaltungs- und Provisionskostenanteil sowie einen Sparanteil aufgeteilt. Mit den Verwaltungs- und Provisionskostenanteilen müssen die Kunden die Kosten des Geschäftsbetriebs der Versicherungsgesellschaft sowie die Abschlussprovision des Vertreters abdecken. Bei kapitalbildenden Lebensversicherungen werden noch Risikokosten für die Absicherung im Todesfall abgezogen. Nur der nach diesen Abzügen verbleibende Teil – der sogenannte Sparanteil der Raten – wird für den Vertragsinhaber angespart.

Dabei gibt es wiederum zwei Varianten: die klassische und die fondsgebundene Versicherung.

Beim klassischen Versicherungssparen wird der Sparanteil vom Versicherer auf risikoarme Weise angelegt. Der Aktienanteil darf maximal 35 Prozent betragen, und dem Anleger wird ein Höchstrechnungszins von 0,9 Prozent jährlich garantiert – jedoch nur auf den Sparanteil und nicht auf die gesamte Einzahlung bezogen. Dazu können noch Überschussanteile kommen, wenn der Versicherer mit seinen Kapitalanlagen höhere Gewinne erwirtschaftet.

Bei fondsgebundenen Versicherungen fließt der Sparanteil in Investmentfonds, wobei meist unterschiedliche Risikoklassen zur Wahl stehen. Im Gegensatz zum klassischen Sparplan gibt es hier keinen Mindestzins und keine Kapitalerhaltsgarantie.

Sowohl fondsgebundene als auch klassische Versicherungen weisen zwei gravierende Nachteile auf: mangelnde Transparenz und fehlende Flexibilität.

Auch wenn die Versicherer beim Vertragsangebot Kostensätze ausweisen müssen, ist es für Laien kaum erkennbar, wie hoch der tatsächliche Sparanteil innerhalb der Gesamtrate ist. Auch die Zusammensetzung der jährlichen Verzinsungen sowie der Überschüsse ist eine „Black Box“ für den Sparer. Diese Konstruktion macht es den Versicherern möglich, ihre Kosten gut zu verstecken – so dürfte es den meisten Verbrauchern nicht bekannt sein, dass aus den Einzahlungen Vertriebsprovisionen abgezweigt werden, deren Gesamthöhe sich häufig auf bis zu 4 Prozent der geplanten Einzahlungen beläuft. Bei einem Vertrag mit 100 Euro Monatsrate und 25 Jahren Laufzeit wären dies 1.200 Euro.

Dazu kommt, dass Versicherungssparpläne starr sind: Wer Renditeeinbußen vermeiden will, muss den Sparplan über die gesamte Laufzeit lückenlos durchhalten. Zwar lassen sich Verträge beitragsfrei stellen oder vorzeitig kündigen. Dies ändert jedoch nichts an der Höhe der verrechneten Vertriebskosten, sodass in ungünstigen Fällen sogar Teile des eingezahlten Geldes verloren gehen können.

Am Ende der Spardauer kann der Versicherte wählen, ob das angesparte Kapital ausgezahlt oder in eine lebenslange Leibrente umgewandelt werden soll. Letzteres ist auch ohne jahrzehntelanges Sparen möglich, indem das Guthaben auf einen Schlag eingezahlt und in eine sofort beginnende Rente umgewandelt wird. Stirbt der Versicherte, endet auch die Rentenzahlung, sofern keine Garantieauszahlungszeit vereinbart worden ist.

Die **Sofortrente** kann sinnvoll sein, wenn mit dem Eintritt in den beruflichen Ruhestand die gesetzliche Rente nicht ausreicht, genügend Vermögen vorhanden ist und das Kapital nicht vererbt werden soll. Andernfalls sollten Sie nach dem Grundsatz handeln, dass für die Absicherung und den Vermögensaufbau getrennte Verträge geschlossen werden sollten.

Eine Alternative zur Sofortrente kann auch ein **Auszahlplan** sein. Auszahlplan und Sofortrente unterscheiden sich in folgenden Kriterien:

- Die Rentenversicherung bietet eine lebenslange Rente, der Auszahlplan eine zeitlich begrenzte Rente.
- Die Rentenversicherung hat hohe Kosten, der Auszahlplan ist kostenfrei.
- Eine Vererbungsmöglichkeit besteht nur über Zusatzvereinbarungen, die die eigene Rentenhöhe schmälern.
- Beim Auszahlplan ist im Todesfall das Restkapital voll vererbbar.
- Bei der Sofortrente ist nur der Ertragsanteil steuerpflichtig, beim Auszahlplan alle Erträge oberhalb des Sparerpauschbetrags.

Eine Niedrigzinsphase kann mit folgender Mischung überbrückt werden: kurzlaufender Auszahlplan und eine Mischung aus Tages- und Festgeldern.

BEISPIEL

So rechnen Sie bei der Sofortrente

Wie lange müssen Sie die Rente beziehen, um das eingesetzte Kapital zu verbrauchen? Nur wenn Sie glauben, sehr als zu werden, kommt diese Produktart überhaupt in Betracht. Ein Beispiel: Ein 67-jähriger Anleger investiert 50.000 Euro. Der Versicherer bietet eine garantierte Rente von 141,33 Euro. Die muss 29 Jahre lang bezogen werden, um die eingesetzten 50.000 Euro zu verbrauchen. Nur wenn der Anleger also mindestens 96 Jahre und älter wird, lohnt sich dieser Vertrag.

Mit Überschüssen stellt der Anbieter eine variable Gesamtrente von 198,36 Euro in Aussicht. Diese Rente muss 21 Jahre bezogen werden, um die 50.000 Euro zu verbrauchen.

Dann ist der Anleger immerhin schon 88 Jahre alt. Die Rendite wird positiver bei einer Rentenbezugszeit von 25 Jahren (1,45 Prozent p. a.) oder 30 Jahren (2,58 Prozent p. a.), aber nur, wenn sowohl Überschüsse wie prognostiziert fließen als auch dieses hohe Endalter erreicht wird.

Neue Klassik und Indexpolicen

Lebens- und Rentenversicherungen gibt es seit einiger Zeit auch in neuem Gewand. Die „neue Klassik" bietet meist nur eine abgespeckte Garantie. Dann ist der Höchstrechnungszins nicht in voller Höhe garantiert oder es gibt gar keine sichere Verzinsung mehr. Weil die Anbieter das sehr unterschiedlich gestalten, sind Verträge kaum noch vergleichbar.

Noch virtuoser sind die Varianten, die häufig unter dem Namen „Indexpolicen" daherkommen. Hier ist meist nur noch der Beitragserhalt garantiert. Überschüsse fließen in Anlagen (zum Beispiel Optionen), mit denen man an der Wertentwicklung eines Aktienindexes wie zum Beispiel dem Euro Stoxx 50 beteiligt wird. Das soll mehr Chancen bieten als klassische Verträge. Doch diese Beteiligung erfolgt nicht 1:1, wie der Kunde vielleicht denkt. Für die Beteiligung an positiven Wertentwicklungen wird eine Grenze – hier heißt es dann Cap – eingezogen.

Meist wird die Wertentwicklung des Indexes monatlich ermittelt. Nach 12 Monaten werden die positiven Monatsentwicklungen bis zum Cap mit den negativen Entwicklungen saldiert. Bei den Kursrückgängen gibt es übrigens kein Cap! Ist das Ergebnis positiv, so wird es in diesem Jahr dem Vertrag gutgeschrieben. Bei negativem Ergebnis gibt es keine Gutschrift, aber auch keinen Verlust. Das Unwägbare ist, dass der Cap vom Anbieter jährlich neu festgelegt werden kann. Dann gibt es auch noch Varianten, bei denen Sie am Ende des Versicherungsjahres fürs neue Jahr wählen können, ob Sie an der sicheren Verzinsung (falls angeboten) oder an der Indexwertentwicklung beteiligt werden wollen. Rührt sich der Kunde nicht, ist er meist automatisch in der Indexbeteiligung. Diese Produkte sind intransparent, kompliziert und die Kosten oft erheblich.

Bei Rentenversicherungen kommt noch hinzu, dass sich die Anbieter in aller Regel das Recht vorbehalten, die Berechnungsgrundlagen für die Rentenhöhe erst zu Rentenbeginn festzulegen.

Fragwürdiges aus der Fondswelt

Nicht alle Fondsgattungen genügen den Ansprüchen, die an eine transparente und kostengünstige Anlageform gestellt werden. Abzuraten ist vor allem von Fonds, die keine klare Ausrichtung auf bestimmte Wertpapiergattungen – also Aktien, Anleihen oder Immobilien – vorweisen können oder als Mischfonds keine klaren Aufteilungsverhältnisse definieren. Dazu zählen unter anderem die folgenden Fondsgattungen:

→ **Absolute-Return-Fonds.** Konstante Renditen in guten wie in schlechten Börsenzeiten – mit diesem Anspruch sind soge-

nannte Absolute-Return-Fonds auf den Markt gebracht worden. Dabei handelt es sich meist um Rentenfonds, die mit der Beimischung von Derivaten Zusatzrenditen erzielen wollen. Doch in Krisenzeiten können auch hier herbe Verluste anfallen. Fazit: Absolute-Return-Fonds sind ein typisches Beispiel dafür, wie mithilfe von intransparenten Fondsmischungen dem Anleger eine Sicherheit vorgegaukelt wird, die in Wirklichkeit oft nicht existiert.

→ **Garantiefonds.** Hier werben die Anbieter damit, dass Anleger an den Erträgen chancenreicher Aktieninvestments beteiligt, vor Verlust indes weitgehend geschützt werden. Doch die Sicherheit hat ihren Preis, denn die dafür anfallenden Kosten werden aus den Aktiengewinnen finanziert. Dann kann es durchaus vorkommen, dass die Aktienkurse zwar um 10 Prozent steigen, davon jedoch nur 5 Prozent beim Anleger ankommen. Außerdem wird der Kapitalerhalt oft nur zu bestimmten Stichtagen garantiert. Wer die Fondsanteile zwischen den Stichtagen verkauft, muss dann in schlechten Börsenphasen mit Verlusten rechnen.

Verlustbegrenzung im Eigenbau

Wenn Sie mit einem Teil Ihres Gelds die Chancen der Aktienmärkte nutzen, für das Ende Ihres Sparprozesses Verluste jedoch begrenzen wollen, benötigen Sie keinen Garantiefonds. Mit der einfachen Verteilung von sicheren Zinsanlagen und Aktien oder Aktienfonds können Sie Ihren Verlustpuffer frei gestalten – und zwar flexibel und kostengünstig! Die folgende Tabelle zeigt, wie Sie mit einer Mischung aus einer Festzinsanlage mit 1,5 Prozent Zins und Aktien einen Aktienverlust von 50 Prozent auf unterschiedliche Laufzeiten abfedern können.

ANLAGEDAUER	FESTZINSANTEIL	AKTIENANTEIL	WERTZUWACHS / -MINDERUNG BEI 50 % VERLUST IM AKTIENANTEIL
5 Jahre	75 %	25 %	–6,70 %
10 Jahre	75 %	25 %	–0,46 %
15 Jahre	75 %	25 %	+6,27 %
5 Jahre	50 %	50 %	–21,10 %
10 Jahre	50 %	50 %	–17,00 %
15 Jahre	50 %	50 %	–12,50 %

Wenn Sie nur ein Viertel des Anlagebetrags in Aktien investieren, können Sie über die Rendite des sicheren Vermögensanteils auf Sicht von 10 Jahren bis zu einem Aktienverlust von 50 Prozent praktisch den Kapitalerhalt garantieren. Selbst bei hälftiger Aufteilung wird der 50-prozentige Verlust auf Sicht von 15 Jahren auf ein Minus von nur noch 12,5 Prozent im Gesamtvermögen abgefedert.

Anlagezertifikate

Anlagezertifikate sind Schuldverschreibungen von Banken, bei denen jedoch im Gegensatz zu festverzinslichen Anleihen Zinsausschüttung und Rückzahlungsbetrag nicht von vornherein festgelegt sind. Ob und in welcher Höhe Zinsen gezahlt werden und ob der Anleger am Ende der Laufzeit den Nennwert der Zertifikate oder einen anderen Betrag zurückbekommt, dafür sind ganz unterschiedlichen Faktoren ausschlaggebend.

Bei Discountzertifikaten hängt die Rendite der Papiere von der Kursentwicklung einzelner Aktien ab, bei Index- oder Basketzertifikaten bildet ein Aktienindex oder eine Aktienauswahl die Basis für die Bewertung. Dazu kommen jede Menge exotische Varianten: Verlustbegrenzungen werden gegen gedeckelte Gewinnchancen geboten, risikofreudige Spekulanten können mithilfe von Zertifikaten die Wertentwicklung des Basiswerts hebeln, oder man erhält am Ende der Laufzeit statt eines Rückzahlungsbetrags dann aus einer Auswahl von fünf Einzelaktien die Aktie mit der schlechtesten Wertentwicklung zurück.

So unterschiedlich die Konstruktionen sind, eins ist ihnen gemeinsam: Um abzuschätzen, ob dem Anleger ein faires Verhältnis von Chance und Risiko geboten wird, müssen hoch komplizierte Rechenformeln angewendet werden. Das ist natürlich die perfekte Rahmenbedingung für die Bank, um verdeckt eine immense Gewinnspanne für sich in die Papiere hineinzumogeln.

Nun ließe sich hier eine lange Liste mit wenig empfehlenswerten Zertifikatetypen aufstellen. Doch diese wäre schon bald veraltet, weil die Banken immer neue Varianten erfinden oder sie einschlägig bekannte Papiere einfach umbenennen. Letztendlich bleibt festzuhalten: Man kann in jeder Lebenslage einen vernünftigen Vermögensmix zusammenstellen, ohne auf diese Produktgattung zurückzugreifen.

Anlageprodukte des grauen Kapitalmarkts

Der sogenannte graue Kapitalmarkt ist ein Segment, das von den Aufsichtsbehörden nur in geringem Umfang überwacht wird. Entsprechend groß ist für Anleger die Gefahr, an einen unseriösen Anbieter zu geraten und im schlimmsten Fall das investierte Geld komplett zu verlieren. Daher sollten Sie wissen, vor welchen Produkten und Vertriebsmethoden Sie sich hüten sollten.

Geschlossene Fonds

Sogenannte geschlossene Fonds sind unternehmerische Beteiligungsmodelle, bei denen für ein bestimmtes Investitionsprojekt Geldgeber geworben werden. Wenn die erforderliche Summe hereingeholt wird, dann wird vom Fondsinitiator der Fonds geschlossen und die Investitionen beginnen.

Eine Kontrolle durch staatliche Aufsichtsbehörden wie bei Investmentfonds oder Banken gibt es für die Initiatoren geschlossener Fonds nicht. Auch wenn es in diesem unübersichtlichen Markt seriöse und solide kalkulierte Angebote gibt, so ist die Gefahr groß, dass Sie einem unseriösen Initiator auf den Leim gehen. Das verdeutlichen zahlreiche Schadenersatzprozesse nach Fondspleiten, etwa im Bereich der Schiffsfonds.

Mit der Zeichnung der Fondsanteile tritt der Anleger als Gesellschafter einem Unternehmen bei. Gängige Rechtsformen sind Gesellschaften bürgerlichen Rechts (GbR) sowie Kommanditgesellschaften, bei denen der Investor als Kommanditist fungiert. Ebenfalls häufig anzutreffen ist der Eintritt in ein Unternehmen als „stiller Gesellschafter", dessen Rechtsposition eher der eines Kreditgebers als derjenigen des Mitunternehmers gleicht.

Die Anleger binden sich meist über 10 bis 15 Jahre an die Beteiligung. Nach Ablauf der Frist wird üblicherweise das Investitionsobjekt veräußert und der Erlös auf die Fondsteilhaber aufgeteilt. Eine vorzeitige Rückgabe der Fondsanteile ist nicht vorgesehen.

Die Risiken, die Anleger bei solchen Modellen eingehen, sind groß und die Kosten sehr hoch! Die jährlichen Ausschüttungen sind zwar prospektiert – aber ohne jegliche Garantie. Reduzierte oder sogar ausgefallene Zahlungen sind in diesem Anlagesegment keine Seltenheit. Nicht zu vernachlässigen ist auch das konkrete Verlustrisiko. Ob sich das Investment rentiert hat, weiß man letztlich erst bei der Liquidation am Schluss – und da hat sich schon des Öfteren gezeigt, dass ein großer Teil der ursprünglichen Anlagesumme in den Wind geschrieben werden musste.

Offene und geschlossene Fonds genau unterscheiden

Thomas Hentschel, Finanzexperte der Verbraucherzentrale NRW, warnt vor der Verwechslungsgefahr bei Immobilienfonds: „Wenn ein Finanzvermittler einen Immobilienfonds anbietet, sollten Anleger genau hinschauen, ob es sich um einen offenen Investmentfonds oder um einen geschlossenen Fonds handelt. Wichtigste Erkennungsmerkmale: Offene Immobilienfonds haben eine Wertpapiernummer (ISIN) und die Anteile können nach Ablauf der zweijährigen Mindesthaltefrist jederzeit mit 12-monatiger Kündigungsfrist an die Fondsgesellschaft zurückgegeben werden."

HINTERGRUND

Was geschlossene Fonds enthalten können

- **Immobilien.** Bei dieser Fondskonstruktion fließt das Geld der Anleger in eine oder mehrere Großimmobilien. Im Gegensatz zu offenen Immobilienfonds erfolgt jedoch keine breite Streuung – vor allem deshalb, weil das eingesammelte Kapital viel geringer ist als bei offenen Immobilienfonds. Je nach Fondsstrategie kann es sich um Immobilien im Inland oder Ausland handeln, die Art der Nutzung reicht von Wohn- und Büroimmobilien über Hotels und Einkaufszentren bis hin zu Logistikimmobilien.
- **Schiffe.** Hier investieren die Anleger in Schiffe, wobei es sich meist um Containerschiffe oder Tanker handelt. Die Schiffe werden dann an eine Chartergesellschaft weitervermietet, und nach Abzug der Betriebs- und Verwaltungskosten wird die Charterrate unter den Anlegern aufgeteilt.
- **Erneuerbare Energien.** Investitionsziel sind meist Windkraftwerke oder große Fotovoltaik-Anlagen. Die Energieversorger bieten zwar meist fest kalkulierbare Einspeisungspreise, doch können dieErträge je nach Sonnen- bzw. Windintensität stark schwanken, und auch bei den Wartungskosten brachte so mancher Fonds seinen Investoren schon unangenehme Überraschungen.
- **Private Equity.** Hinter diesem Fachbegriff verbirgt sich die Investition in nicht börsennotierte, meist mittelständische Unternehmen. Die Risiken sind bei solchen Beteiligungsmodellen in der Regel sehr hoch, weil der unternehmerische Erfolg stark schwanken kann. Zusätzliche Risiken kommen hinzu, wenn über einen solchen Fonds Forschungs- und Entwicklungsvorhaben von noch jungen Firmen finanziert werden.
- **Leasing.** Bei Leasingfonds werden die Investoren Eigentümer von Wirtschaftsgütern, die an unternehmerische Nutzer verleast werden. Die Palette erstreckt sich dabei über unterschiedliche Güter wie Flugzeuge, Eisenbahnwaggons, Transportcontainer oder Fahrzeugflotten von Autovermietern.

Außerbörsliche Wertpapiere

Aktien, Genussscheine und Anleihen werden zuweilen auch außerhalb der Börse über Finanzvermittler oder in der Direktvermarktung angeboten. Hier ist äußerste Vorsicht geboten, denn bei den Herausgebern solcher Wertpapiere handelt es sich oft um kleinere, wenig finanzstarke und intransparente Unternehmen. Da es keine Börsennotierung gibt, haben Sie kaum eine Chance, die Wertpapiere zu verkaufen, wenn Sie von der Zukunftsfähigkeit des Unternehmens nicht mehr überzeugt sind.

Bei privat vermarkteten Anleihen und Genussscheinen ist eine Rückgabe oder Veräußerung vor Fälligkeit überhaupt nicht vorgesehen. Damit binden sich die Anleger wie bei einem Sparbrief über die gesamte Laufzeit – allerdings mit dem Unterschied, dass im Insolvenzfall keine Einlagensicherung greift und meist nicht einmal ein Rating zur Finanzkraft des Unternehmens vorliegt. Der Anleger muss sich mit einem Hochglanzprospekt, vollmundigen Werbesprüchen und dürftigen Bilanzfakten zufriedengeben und hoffen, dass bis zur Fälligkeit der Papiere das Unternehmen noch besteht.

Wovor Sie sich außerdem noch hüten sollten

Wenn es darum geht, arglose Anleger über den Tisch zu ziehen, scheint die Kreativität unseriöser Finanzanbieter grenzenlos zu sein.

HINTERGRUND

Pleiten am laufenden Band

Wie groß das Risiko bei außerbörslichen Wertpapieren ist, zeigt die Liste der Pleite gegangenen Herausgeber:

- VermögensGarant (2005)
- Wohnungsbaugesellschaft Leipzig-West (2006)
- DM Beteiligungen (2006)
- First Real Estate (2007)
- EECH (2008)
- Solar Millenium (2011)
- German Pellets (2016)

Kaum ist ein Anlageskandal öffentlich geworden, tummeln sich schon neue Anbieter mit kaum solideren Offerten auf dem Markt. Ohne Anspruch auf Vollständigkeit folgt hier eine Liste von „Kapitalanlagen“, bei denen Sie mit hoher Wahrscheinlichkeit Ihr Geld nicht mehr wiedersehen.

→ **Bankgarantien.** Alle paar Jahre wieder geistern Bankgarantien oder „Letters of Credit“ durch den grauen Kapitalmarkt. Die Verkäufer beschreiben die Anlage wie folgt: Zur Absicherung von großen Geschäften stellen Banken Garantien aus, die zumeist mit den englischen Fachbegriffen SLC (Standby Letters of Credit), PBN (Prime Bank Promissory Notes) oder PBG (Prime Bank Guarantees) bezeichnet werden. Mit diesen Papieren dürfen die Banken allerdings selbst nicht handeln. Daher werden Makler zum Verkauf der Papiere eingeschaltet.

Die Schnelligkeit der Transaktionen und das geringe Aufgeld, mit dem die Papiere weiterverkauft werden, ermöglichen angeblich hohe Renditen. Ausdrücklich wird immer wieder die Sicherheit dieser Geschäfte betont. Es handle sich nur um Papiere von „Prime Banks" (Banken mit gutem Ruf). Damit sei diese Anlage zu hundert Prozent abgesichert. Aber das sind Lügengeschichten – denn in Wirklichkeit gibt es keinen Handel mit Bankgarantien. Es gibt zwar Garantien in Form von Bankbürgschaften, doch diese lassen sich nicht über irgendeinen Makler auf andere Banken oder gar Privatleute übertragen. Die eindrucksvollen Dokumente sind schlichtweg gefälscht, die „Treuhandkonten" sind nur Zwischenstationen zur Umbuchung des Gelds in irgendeine „Bananenrepublik", und das Geld der Anleger verschwindet im Nirwana.

→ **Termingeschäfte.** Vermittler von Börsentermingeschäften gelten als besonders aggressive Verkäufer. Per Anruf – angeblich direkt von der Börse – werden Verbraucher dazu gedrängt, eine angeblich einmalige Spekulationschance zu nutzen. Als Anlageformen werden häufig hoch spekulative Options- und Termingeschäfte angeboten, bei denen durch die Ausnutzung von Kursverschiebungen an den internationalen Börsen innerhalb kürzester Zeit hohe Gewinne erzielt werden sollen. Gegenstand des Handels können sowohl bestimmte Rohstoffe oder Waren – wie Kupfer, Kaffee oder die bekannten „Schweinehälften an der Chicagoer Börse" – als auch Währungsbeträge oder Wertpapiere sein. Man spricht deshalb auch von Warentermingeschäften und Finanztermingeschäften. Unabhängig davon, um welche Art von Börsenwetten es sich handelt, enden solche Geschäfte meist mit dem Totalverlust.

→ **Anlagediamanten.** Immer wieder versuchen halbseidene Finanzanbieter, Anleger in das Diamanteninvestment zu locken. Verheißen werden dabei Wertstabilität und eine vermeintlich erstklassige Ersatzwährung in Krisenzeiten. Doch selbst wenn es sich um Qualitätsdiamanten handeln sollte, ist ein späterer Verkauf oft mit Verlusten verbunden, da Juweliere Edelsteine nur mit Einkäuferabschlag erwerben. Noch schlimmer kommt es, wenn sich die fachlich unbedarften Anleger auf die Angaben unseriöser Anbieter verlassen und statt des aufgeschwatzten Diamanten in Topqualität einen minderwertigen Stein erworben haben – und solche drittklassigen Diamanten bringen beim Verkauf allenfalls einen Bruchteil des völlig überhöhten Kaufpreises.

→ **Schneeballsysteme.** Renditen von 50 Prozent im Jahr oder sogar noch mehr – das versprechen Anbieter von Schneeballsystemen. Die Masche ist ebenso einfach wie kriminell: Die zur Auszahlung kommenden hohen Renditen der Altkunden werden größtenteils aus den Einzahlungen der Neukunden gespeist. Das funktioniert, solange die Zahl der Neukunden Tag für Tag wächst. Doch beim ersten Wachstumsknick bricht das System zusammen, weil die Einzahlungen neuer Anleger nicht mehr für die Auszahlung der vermeintlichen Gewinne reichen. Doch wenn es so weit ist, dann sind die Anlagebetrüger meist mit den kassierten Abschlussprovisionen und dem verbliebenen Anlagekapital über alle Berge. Zurück bleiben die arglosen Verkäufer, die häufig auch noch ihre Freunde und Verwandten um deren Ersparnisse gebracht haben und sich nun mit den rechtlichen Konsequenzen auseinandersetzen müssen. Oft sind die Verkäufer selbst ebenso geschädigt, weil sie hohe Summen eigenen Gelds in das scheinbar todsichere System gesteckt haben.

CHECKLISTE

So prüfen Sie die Seriosität eines Anlageangebots

Damit nicht auch Sie dubiosen Anbietern auf den Leim gehen, hier einige Fragen, mit denen Sie die Seriosität der Unternehmen prüfen können.

- **Wie wurde der erste Kontakt hergestellt?** Kein seriöser Anbieter von Finanzdienstleistungen wird unaufgefordert telefonisch Kontakt zu Ihnen aufnehmen. Legen Sie Ihr Geld nie bei einer Firma oder Institution an, die sich bei Ihnen unaufgefordert telefonisch gemeldet hat.
- **Wie hoch ist die versprochene Rendite?** Nehmen Sie die aktuelle Verzinsung zehnjähriger Bundesanleihen als Maßstab. Diese finden Sie beispielsweise auf Börsenportalen im Internet. Liegt die versprochene Rendite höher, ist die Anlage auch riskanter. Renditen von 10 Prozent und mehr jährlich sind – wenn überhaupt – in aller Regel nur mit hoch spekulativen Anlageformen erzielbar, bei denen Sie jederzeit mit einem Teil- oder Totalverlust des Anlagebetrags rechnen müssen.

→

→

- **Wer ist der Anbieter?** Hochglanzprospekte und repräsentative Büroräume sind häufig nur Blendwerk. Auch professionell klingende Berufsbezeichnungen wie „Finanzberater“ oder „Vermögensberater“ sind mit Vorsicht zu genießen. Überprüfen Sie unbedingt den Anbieter. Einschlägige Informationen finden Sie in Wirtschaftsmagazinen wie *Finanztest* oder bei den Verbraucherzentralen.
- **Wo ist der Geschäftssitz des Anbieters?** Unseriöse Anbieter lassen sich mit Vorliebe an exotischen Plätzen nieder. Oftmals findet sich am offiziellen Firmensitz allerdings nicht mehr als ein Briefkasten. Wenn der Geschäftssitz im Ausland liegt, sollten bei Ihnen die Alarmglocken schrillen.
- **Wird Ihnen ein kleines Geschäft zum Einstieg angeboten?** Der Trick ist einfach: Zum Einstieg wird Ihnen ein Geschäft mit minimalem Betrag angeboten. Damit sollen Sie die Leistungsfähigkeit des Anbieters testen. Dieses Erstgeschäft verläuft natürlich immer positiv. Wenn Sie dann Vertrauen gefasst haben und richtig einsteigen, werden Sie gnadenlos abgezockt.
- **Werden Sie unter Zeitdruck gesetzt?** Anlageentscheidungen sollten immer in Ruhe getroffen werden. Bei unseriösen Angeboten gibt es eigentlich nur einen, der unter Zeitdruck steht: der Anbieter. Er muss aus einem Kunden möglichst viel Geld in möglichst kurzer Zeit herauspressen. Lassen Sie sich bei Geldanlagegeschäften nie unter Zeitdruck setzen.
- **Lauert die Schwarzgeldfalle?** Wer Ihnen augenzwinkernd ganz tolle Angebote „schwarz und steuerfrei“ offeriert, könnte Sie – wenn Sie darauf eingehen – später einmal erpressen. Machen Sie sich nicht erpressbar; Steuerehrlichkeit erspart Ihnen schlaflose Nächte.

Richtig vergleichen und Kosten minimieren

Kosten und Rendite können bei einzelnen Anlageprodukten je nach Anbieter weit auseinanderklaffen. Das betrifft das einfache Tagesgeldkonto genau so wie Investmentfonds oder Riester-Sparverträge. Grund genug also, die Offerten kritisch zu vergleichen und mit spitzem Bleistift nachzurechnen.

Wenn Sie sich für eine bestimmte Anlageform entschieden haben, sollten Sie den Vertrag nicht einfach bei der nächstbesten Bank oder irgend einem Finanzvermittler abschließen. Denn: Anlageprodukte können mit sehr unterschiedlichen Erträgen und Kosten verbunden sein – ganz gleich ob es sich um einen Sparbrief, einen Bausparvertrag oder ein Investmentprodukt handelt.

In diesem Kapitel erfahren Sie, wie die Rendite richtig ermittelt wird, worauf Sie beim Vergleich einzelner Anlageprodukte besonders kritisch achten sollten und wie Sie mit der Wahl des günstigsten Anbieters Ihre Erträge optimieren können.

Verzinste Anlageprodukte vergleichen

Die reine Verzinsung ist bei der Geldanlage nur ein Teil des Ganzen, denn bei vielen Finanzprodukten fallen Nebenkosten an. Oft können diese Zusatzgebühren nachvollzogen werden, doch zuweilen werden Gebühren auch in das Produkt „hineingerechnet“ und so versteckt, dass ihre Höhe nur mithilfe komplizierter Berechnungsmodelle ermittelt werden kann – das ist häufig bei komplexen Anlagezertifikaten der Fall.

Die Rendite – auch als Effektivverzinsung bezeichnet – bildet den wichtigsten objektiven Vergleichsmaßstab. Hinter diesem Begriff verbirgt sich der Ertrag, den eine

Anlage pro Jahr, bezogen auf das eingesetzte Kapital, erbringt. Ausgewiesen wird die Rendite als Jahresprozentsatz. Ihre Berechnung erfolgt nach dem Prinzip, dass von den laufenden Erträgen einer Anlage die damit verbundenen Kosten und Gebühren abgezogen werden. Der verbleibende Reinertrag ergibt dann, ins Verhältnis zum angelegten Kapital gesetzt, den Renditewert.

Die konkrete mathematische Berechnung eines Renditewerts gestaltet sich in der Regel wesentlich komplizierter, da die Besonderheiten der verschiedenen Anlageformen berücksichtigt werden müssen. Dass die Anbieter Ihnen diese Arbeit abnehmen und mit ihren Offerten automatisch den korrekten Renditewert liefern, darauf können Sie sich leider nicht verlassen. Die Institute sind nämlich nicht dazu verpflichtet, ihren Kunden die Effektivverzinsung der Offerten auszuweisen. Diese Lücke im Gesetz hat in der Vergangenheit zu einem Wildwuchs bei den Rentabilitätsangaben geführt.

Wie das Beispiel im Kasten auf der rechten Seite zeigt, kann eine Orientierung an Zinsangaben, die nicht ausdrücklich als „Rendite" oder „Effektivzins" ausgewiesen werden, schnell zu falschen Entscheidungen führen. Sie sollten deshalb immer die Angabe der Rendite vom anbietenden Institut fordern. Sicherheitshalber sollten Sie sich den genannten Wert schriftlich geben lassen, denn wie Stichproben der Verbraucherzentrale Nordrhein-Westfalen ergeben haben, ist selbst Bankangestellten manchmal der Unterschied zwischen „Rendite" und „Wertzuwachs" oder „Durchschnittsverzinsung" nicht klar!

Am einfachsten gestaltet sich ein Konditionenvergleich bei standardisierten Anlageformen mit laufender Zinsausschüttung der Banken und Sparkassen. Hier entspricht der ausgewiesene Nominalzins der Anlagerendite unter der Voraussetzung, dass der Zinssatz während der gesamten Anlagedauer gleich bleibt und keinerlei Nebenkosten anfallen. Wird etwa ein Sparbrief mit dreijähriger Laufzeit und jährlicher Zinsausschüttung mit einem Nominalzins von 1,5 Prozent angeboten, so liegt die Rendite ebenfalls bei jährlich 1,5 Prozent. In gleicher Weise können Sie durch eine einfache Gegenüberstellung der Nominalzinssätze auch die Konditionen für Tagesgelder, Sparbücher und Festgelder vergleichen.

→ **TIPP Gutschreibungstermine nutzen**
Manche Banken schreiben bei Tagesgeldern die Zinsen nicht jährlich, sondern quartalsweise oder monatlich gut. Daraus ergibt sich innerhalb des Jahres ein – wenn auch geringer – Zinseszinseffekt, sodass die tatsächliche Rendite wenige Zehntelprozent höher als der Nominalzins sein kann.

ACHTUNG

Wertzuwachs und Rendite sind zwei Paar Stiefel!

In den Schaukästen der Geldhäuser finden Sie häufig Begriffe wie „Wertzuwachs", „durchschnittliche Verzinsung" oder „Zins mit Zinseszins", die in aller Regel kein anderes Ziel haben, als weniger lukrative Angebote in ein besseres Licht zu rücken. Welche Unterschiede hier zwischen einem angegebenen Wertzuwachs und der wirklichen Renditebestehen können, zeigt das folgende Beispiel:
Die Anlage von 10.000 Euro in einem Sparbrief mit Zinsansammlung soll bei einer Bank am Ende der zehnjährigen Laufzeit einen Auszahlungsbetrag von 11.500 Euro erbringen. Die Bank wirbt für das Angebot mit der Angabe „Durchschnittlicher jährlicher Wertzuwachs: 1,5 Prozent". Das scheint auf den ersten Blick korrekt zu sein. Teilt man den Gesamtertrag von 1.500 Euro durch die Laufzeitjahre, so ergibt sich ein jährlicher Ertrag von 150 Euro, der, bezogen auf das Kapital von 10.000 Euro, einen Zins von 1,5 Prozent pro Jahr ausmacht. Diese Betrachtungsweise hat allerdings einen entscheidenden Fehler: Die Endauszahlung wird nämlich nicht allein aus dem ursprünglich eingezahlten Betrag erwirtschaftet, sondern auch die aufgelaufenen Zinsen werden während der Laufzeit auf das Kapital geschlagen und mitverzinst. Der so eintretende Zinseszinseffekt muss bei der Berechnung der effektiven Verzinsung oder Rendite berücksichtigt werden. Die um diesen Effekt bereinigte echte Rendite beträgt deshalb lediglich 1,41 Prozent pro Jahr. Würde der Sparbrief eine tatsächliche Rendite von 1,5 Prozent erwirtschaften, läge das Endkapital bei 11.605 Euro – und damit beträgt die Differenz zwischen Schein und Sein mehr als 100 Euro.

Beim Renditevergleich von Ratensparverträgen müssen zusätzlich die Zinsgestaltung und die Verfügbarkeit berücksichtigt werden. Die oft nur schwer durchschaubare Vertragsgestaltung kann sonst dazu führen, dass Sie Angebote einander gegenüberstellen, die sich zwar von der Produktbezeichnung her ähneln, aber dennoch sehr verschieden sind. Häufig ist eine absolut sichere Renditeangabe aber ohnehin nicht möglich, weil die Grundverzinsung variabel ist. Für eine Beurteilung solcher Angebote wäre es hilfreich, sich vom Kreditinstitut aufzeigen zu lassen, wie stark die Zinssätze in der Vergangenheit auf Veränderungen der Marktzinsen reagiert haben. Stellen Sie dabei fest, dass es bei bestimmten Angeboten mit dem Zins immer schnell abwärts, aber nur sehr langsam aufwärts gegangen ist, sollten diese allenfalls zur zweiten Wahl gehören.

Wird ein über die Gesamtlaufzeit fester Zins gewährt, lassen sich Sondersparverträge auch ganz einfach anhand der zum Vertragsende fälligen Auszahlungssumme vergleichen. Das setzt allerdings voraus, dass der Einzahlungsbetrag bzw. die laufenden Raten übereinstimmen und sämtliche anfallenden Kosten berücksichtigt werden.

→ **TIPP Je nach Zinsphase entscheiden**
Schließen Sie Verträge mit variabler Verzinsung nur in Niedrigzinsphasen ab. Liegt das allgemeine Zinsniveau dagegen hoch, ist es sinnvoll, sich die günstigen Konditionen durch Festzinssätze langfristig zu sichern.

Nebenkosten wie Kontogebühren oder andere Spesen können Sie beim Vergleich der Konditionen von Tagesgeldern, Sparbüchern, Festgeldern, Sparbriefen und Sondersparformen in aller Regel außer Acht lassen. Die obligatorische Frage nach solchen Zusatzausgaben sollte aber sicherheitshalber dennoch zu jeder Angebotseinholung gehören.

Kostenvergleich beim Wertpapierdepot

Wenn Sie Wertpapiere oder Investmentfondsanteile in einem Depot verwalten lassen müssen, kommen Sie bei Ihren Investments an der Dienstleistung einer Bank nicht vorbei. Die Auftragsausführung und Depotverwaltung wird von den Geldhäusern natürlich mit Gebühren belegt. Weil die Preise und Leistungen oft sehr unterschiedlich sind, sollten Sie vor dem Einstieg ins Wertpapiergeschäft die depotführende Bank sorgfältig auswählen – und das muss dann nicht zwangsläufig die Hausbank sein.

Ordergebühren

Egal ob Sie Wertpapiere an der Börse kaufen oder verkaufen: Es werden Gebühren fällig. Die meisten Banken machen die Höhe der Gebühren davon abhängig, welches Wertpapiervolumen beim betreffenden Auftrag gehandelt wird. Ab einer bestimmten Untergrenze beim Volumen wird eine feste Mindestgebühr fällig. Diese kann je nach Orderweg und Bank sehr unterschiedlich ausfallen. Günstige Direktbanken verlangen bei der Internetorder Mindestgebühren von weniger als 10 Euro, während die Auftragserteilung in der Filialbank schon mal mehr als 25 Euro kosten kann. Bei großen Aufträgen schwankt die Bankgebühr je nach Anbieter meist zwischen 0,25 und 1 Prozent des Kurswerts.

Manche Banken differenzieren dabei noch, ob es sich um Aktien oder Anleihen handelt. Wo dies der Fall ist, zahlen Sie bei Anleihen weniger Gebühren als bei Aktien.

Dazu kommt bei der Ausführung über die Börse noch die Börsengebühr für den Makler- oder Xetra-Handel, das ist der elektronische Handel der Deutschen Börse AG. Diese macht jedoch nur einen Bruchteil der Gesamtgebühren aus, selbst bei größeren Orders werden nur wenige Euro verlangt. Diese Gebühren entfallen, wenn die Transaktion außerhalb der Börse im eigenen Handelssystem der Bank vollzogen wird. Die Einrichtung eines Limits bei Kauf oder Verkauf ist oft kostenlos möglich, eine Änderung des Limits kostet hingegen meist extra. Bei Investmentfonds kommt es darauf an, ob Sie die Fondsanteile über die Börse erwerben oder bei der Fondsgesellschaft ordern. Beim Fondskauf an der Börse fallen dieselben Gebühren wie beim Aktienkauf an, dafür wird jedoch kein Ausgabeaufschlag verlangt. Stattdessen gibt es eine geringe Kursdifferenz zwischen Kauf- und Verkaufskurs, den sogenannten Spread, der jedoch bei gängigen Fonds oftmals weniger als 1 Prozent beträgt. Bei größeren Aktienfonds-Einmalanlagen ist es daher lohnenswert, den Kauf über die Börse als kostensparende Alternative durchzurechnen.

Depotgebühren

Mit etwas Glück finden Sie eine Bank, die für die eigentliche Führung Ihres Wertpapierdepots keine Gebühren verlangt – doch solche Anbieter gibt es meist nur im Kreis der Direktbanken. Manchmal wird die kostenlose Depotführung von einem Mindestdepotvolumen abhängig gemacht oder davon, ob Sie zwischendurch auch eine provisionsbringende Order aufgeben. Wenn Sie nicht wenigstens ein Mal pro Quartal handeln, kassiert die Bank Gebühren. Die Höhe der Depotgebühr reicht vom Nulltarif bis zu komplizierten Kostenmodellen, bei denen die Gebühr sowohl vom Depotwert wie auch von der Anzahl der im Depot befindlichen unterschiedlichen Wertpapiere abhängt.

Beraterbank oder Direktbank?

Die größten Unterschiede bei den Gebühren sind zwischen den Banken mit Beratungsleistung und den sogenannten Discountbrokern oder Direktbanken zu finden. Damit stehen Sie vor der Frage: Lohnt es sich, den Aufpreis in Form höherer Gebühren für die Beratung zu zahlen, oder sollten Sie sich den größten Teil davon lieber sparen?

Die Antwort davon hängt von zwei Faktoren ab: zum einen von Ihren eigenen Kenntnissen über den Wertpapiermarkt und zum anderen von der Qualität des Beraters.

Was Ihre eigenen Kenntnisse betrifft, sollten Sie sich realistisch und lieber etwas vorsichtiger als nötig einordnen. Klar ist: Die Lektüre von ein paar Anlegermagazinen und Finanz-Newslettern macht aus einem Laien noch lange keinen Fachmann für internationale Kapitalmärkte. Wenn die Börse boomt, überschätzen sich viele Anleger – was nicht schlimm war, solange man wegen der ständig steigenden Aktienkurse praktisch nichts falsch machen konnte. Doch wenn Spekulationsblasen platzen und die Kurse fallen, wird auf sehr unsanfte Weise die Spreu vom Weizen getrennt. Dann muss sich so mancher Anleger eingestehen, dass er leichtsinnig und ohne wirkliches Wissen über die Funktionsweise der Wirtschaft agiert hat. Der Preis für diese Erkenntnis sind nicht selten Kursverluste von 30 bis 50 Prozent, wie in der Finanzkrise 2008/2009.

CHECKLISTE

Das zeichnet einen guten Wertpapierberater aus

- Das Beratungsgespräch beginnt nicht mit einem „heißen Tipp", sondern mit einer **Analyse** Ihrer finanziellen Gesamtsituation.
- Anhand Ihrer Lebensplanung, Ihrer Risikoneigung, Ihres Einkommens und des vorhandenen Vermögens wird zunächst eine **Gesamtstrategie** erarbeitet, bevor es um konkrete Aktien oder andere Wertpapiere geht.
- Sie werden darauf hingewiesen, dass innerhalb der Aktieninvestments ein möglichst **breit gestreuter Mix** unterschiedlicher Branchen und Regionen notwendig ist.
- Die Chancen und Risiken einzelner Anlageprodukte werden verständlich erläutert und schriftlich festgehalten.
- Bei der **Wertpapierauswahl** achtet der Berater darauf, dass auch über die einzelnen Anlageklassen hinweg „Klumpenrisiken" durch einseitiges Bevorzugen bestimmter Branchen, Emittenten oder Währungen vermieden werden.
- Bei der Auswahl konkreter Wertpapiere legt der Berater nicht nur die hauseigene Empfehlung vor, sondern bildet sich aus **verschiedenen Quellen** ein eigenes Urteil und legt seine Entscheidungsgründe offen.
- Der Berater informiert Sie unaufgefordert über **die Kosten** der Anlageprodukte und die bei der Bank verbleibende Provision.

Für Betroffene ist es sicherlich nur ein schwacher Trost zu wissen, dass es den Profis von den Banken nur selten besser geht. Auch diejenigen, die mit Börsenfachbegriffen um sich werfen, sind längst nicht immer so qualifiziert, dass sie eine sturmfeste Anlagestrategie verfolgten. Damit ist der höhere Preis, den Sie bei Transaktionen für die Beratungsleistung zahlen müssen, nur dann gerechtfertigt, wenn der Berater bessere Entscheidungen als Sie selbst treffen kann. Das Problem liegt jedoch darin, dass Sie dies erst nach einer gewissen Zeit feststellen können und auch ein guter Finanzmarktexperte keine fehlerfreien Prognosen treffen kann.

→ **TIPP Beratungserfolg kontrollieren**
Wenn Sie sich für Beratung entscheiden, sollten Sie stets kontrollieren, ob sich die empfohlenen Wertpapiere langfristig besser als der Durchschnitt entwickelt haben.

Der Anlegertyp beeinflusst den Kostenvergleich

Die billigste Bank für jeden Bedarf gibt es nicht. Abgesehen von der Entscheidung zwischen Berater- und Direktbank hängt es von Ihrem eigenen Anlageverhalten ab, welche Gebührenmodelle am Ende für Sie am günstigsten sind.

Wenn Sie zu den Anlegern zählen, die nach dem Motto „Kaufen und halten" agieren, haben Sie im Verhältnis zum Depotbestand vergleichsweise wenige Transaktionen. Damit erhalten die Kosten für die Depotführung mehr Gewicht als die Gebühren für einzelne Transaktionen. Am günstigsten sind für Sie dann solche Banken, die auch ohne eine Mindestanzahl an Orders pro Quartal das Depot kostenfrei führen und bei Aufträgen noch vergleichsweise günstige Gebühren verlangen.

Stehen Sie hingegen auf dem Standpunkt, dass ein Wertpapierdepot aktiv gemanagt werden und je nach kurzfristigem Börsentrend auch öfter mal Umschichtungen stattfinden sollten, dann gewinnen die Gebühren für die Transaktionen an Bedeutung. Vor allem dann, wenn Sie auch kleinere Volumen häufiger umschichten, sollten Sie auf möglichst niedrige Mindestgebühren pro Transaktion achten – und dann kann eine Bank für Sie günstiger sein, bei der das Depot zwar etwas kostet, die Transaktionsgebühren dafür aber sehr niedrig sind.

Außerdem kommt es darauf an, auf welchen Wegen Sie Ihre Orders aufgeben wollen. Manche Banken bieten einheitliche Preise für die Auftragserteilung per Internet oder Telefon, während andere Institute Nachlässe für Online-Orders gewähren.

→ **TIPP Auch ohne Wechsel Gebühren sparen**
Sie müssen nicht unbedingt die Bank wechseln, wenn Sie Ihre Gebühren reduzieren wollen. Viele Filialbanken bieten mehrere Preismodelle als Alternative an – je nachdem, ob Sie über einen Berater, per Telefon oder über das Internet ordern wollen. Wenn Sie mit Ihrer Hausbank zufrieden sind und die Formalitäten für die Eröffnung eines Depots außerhalb der Bank scheuen, können Sie damit bei selbstständigen Anlageentscheidungen zumindest die Kosten reduzieren.

FINANZEN

Unterschiedliche Ergebnisse für aktive und passive Anleger

Ein aktiver und ein passiver Anleger vergleichen zwei Preismodelle von Banken, die sich wie folgt darstellen:

- **Bank A** verlangt eine jährliche Depotgebühr von 30 Euro und berechnet pro Order einen Gebührensatz von 0,25 Prozent des Kurswerts, mindestens jedoch 10 Euro.
- **Bank B** verzichtet auf die jährliche Depotgebühr und berechnet pro Order 0,4 Prozent, mindestens jedoch 15 Euro.

Das Verhalten der beiden Anleger unterscheidet sich wie folgt:

- **Der aktive Anleger** hat im Schnitt ein Depotvolumen von 30.000 Euro und gibt pro Jahr zehn Kauf- oder Verkaufsaufträge im Volumen von jeweils 5.000 Euro in Auftrag.
- **Der passive Anleger** hat ebenfalls ein durchschnittliches Depotvolumen von 30.000 Euro, begnügt sich jedoch mit zwei Orders pro Jahr über jeweils 5.000 Euro.

	AKTIVER ANLEGER	PASSIVER ANLEGER
Jährliche Orderkosten Bank A	125 Euro	25 Euro
Jährliche Depotkosten Bank A	30 Euro	30 Euro
Gesamtkosten Bank A	155 Euro	55 Euro
Jährliche Orderkosten Bank B	200 Euro	40 Euro
Jährliche Depotkosten Bank B	0 Euro	0 Euro
Gesamtkosten Bank B	200 Euro	40 Euro

Um zuverlässig die günstigste Bank auszuwählen, sollten Sie im Voraus abschätzen, wie viele Aufträge Sie pro Jahr erteilen werden, und anhand des Preisverzeichnisses einen Vergleich auf Basis der Gesamtkosten durchführen.

Vergleichen von Investmentfonds

Egal ob Aktien-, Renten-, Immobilienfonds oder andere Fondsprodukte: Wenn Sie in dieser Produktkategorie investieren, haben Sie im Gegensatz zur Anlage in Sparprodukten von Banken keine klare Aussage zur künftigen Rendite. Vor allem bei Aktienfonds kann die Wertentwicklung stark schwanken und in guten Börsenjahren ist ein zweistelliges Plus ebenso drin wie ein zweistelliges Minus in schlechten Jahren.

Das Geschick des Fondsmanagements, das über die Zielinvestitionen entscheidet, beeinflusst maßgeblich die Fondsrendite. Untersuchungen haben gezeigt, dass bei langfristiger Betrachtung über zehn Jahre 80 Prozent der Fondsmanager es nicht schaffen, bessere Ergebnisse als der Vergleichsindex zu erzielen – bei einem Euroland-Aktienfonds wäre dies beispielsweise der Vergleich mit dem Euro Stoxx 50.

Fondsratings

In den vergangenen Jahren zeigten einige Studien, dass lediglich rund 20 Prozent aller Fondsmanager langfristig den Vergleichsindex schlagen. Als Anleger stehen Sie also vor der Frage: Wie können Sie beispielsweise einen Aktienfonds mit dem Schwerpunkt auf Standardwerte aus den Euro-Staaten herausfiltern, der in den kommenden Jahren mit hoher Wahrscheinlichkeit besser abschneidet als der Euro Stoxx?

Mit dieser Frage befassen sich Unternehmen wie Morningstar oder Feri, die sogenannte Fondratings anbieten. Die Analysten nehmen dabei die einzelnen Fonds unter die Lupe und vergeben je nach Qualität eine gute, mittelmäßige oder schlechte Note. Basis hierfür bilden in erster Linie statistische Daten und natürlich nur Vergangenheitswerte. Zunächst einmal werden die einzelnen Fonds Kategorien zugeordnet, in den sich Fondsprodukte mit ähnlicher Ausrichtung befinden. Beispiel: Ein Aktienfonds, der weltweit in Großkonzerne investiert, kommt in die Kategorie „Aktien weltweit Standardwerte".

Im nächsten Schritt errechnen die Analysten innerhalb der Fondsgruppe die durchschnittliche Wertentwicklung. Diese bildet dann den Vergleichsmaßstab für die Bewertung der einzelnen Fonds. Dabei prüfen die Fondsanalysten unterschiedliche Zeiträume und ermitteln auch, wie sich die Fonds in Zeiten fallender und steigender Gesamtmärkte verhalten und wie stark die Ausschläge insgesamt im Vergleich zum Gruppendurchschnitt sind. Dabei kann ein quantitatives oder ein qualitatives Rating zum Einsatz kommen. Der Unterschied:

→ **Beim quantitativen Rating** stehen die Renditezahlen im Mittelpunkt. So bewertet Morningstar hauptsächlich die Wertentwicklung der letzten drei bis zehn

Jahre, wobei auch die Fondsgebühren und die Stabilität der Rendite in die Bewertung mit einfließen. Die besten 10 Prozent der in der Vergleichsgruppe befindlichen Fonds erhalten dann die Bestnote von fünf Sternen.

→ **Das qualitative Rating** befasst sich hingegen mit den organisatorischen Prozessen, die hinter der Auswahl der einzelnen Wertpapiere stehen, und mit der Fachkompetenz des Fondsmanagements. Mit Hilfe von Fragebögen und Interviews prüfen die Analysten beispielsweise, über welchen Erfahrungsschatz die Fondsmanager verfügen, wie hoch die Fluktuation im Investmentteam ist und wie gut die Entscheidungsprozesse strukturiert sind.

Die Abwägung von qualitativen und quantitativen Kriterien wird von den einzelnen Ratingagenturen unterschiedlich gehandhabt. Bei Morningstar erfolgt eine Trennung zwischen beiden Sparten, indem der einzelnen Fonds ein quantitatives Rating und das dazugehörige Management ein qualitatives Rating erhält. Dabei kann es durchaus vorkommen, dass die beiden Einzelnoten unterschiedlich ausfallen. Bei Feri gibt es eine Gesamtnote, wobei als Grundsatz gilt, dass mit zunehmendem Alter des Fonds die qualitativen Aspekte in den Hintergrund rücken. So werden neue Fonds ausschließlich auf Basis qualitativer Kriterien bewertet. Bis zu einem Fondsalter von fünf Jahren gibt es eine Note, die sich aus qualitativen und quantitativen Aspekten zusammensetzt, wobei die Statistikzahlen mit jedem Jahr des Bestehens stärker gewichtet werden. Ist der Fonds mindestens fünf Jahre am Markt, zählen nur noch die quantitativen Kriterien.

Zwar bieten Fondsratings die Möglichkeit, mit geringem Aufwand Investmentprodukte herauszufiltern, die in der Vergangenheit überdurchschnittliche Renditen erwirtschaften konnten. Allerdings sind Rückschlüsse auf die Zukunft nur möglich, wenn der Anlageprozess unverändert weitergeführt wird – und auch hier gibt es keine Garantie für den Erhalt der Ratingnote. Dass sich Fonds innerhalb eines Jahres verbessern oder verschlechtern, ist keine Seltenheit.

Zu beachten ist: Auch ein erstklassig gemanagter Fonds kann bei schlechtem Marktumfeld Verluste einfahren. Macht ein Fonds beispielsweise 35 Prozent Verlust, während der Vergleichsindex um 40 Prozent abrutscht, hat er eine überdurchschnittliche Rendite erzielt.

Die Methoden der Fondsratinghäuser im Überblick

	MORNINGSTAR	FERI
Kriterien quantitatives Rating	Betrachtung von Wertentwicklung, Schwankungsintensität und Über- bzw. Unterrenditen in steigenden und fallenden Märkten	70 Prozent Renditemerkmale wie relative Über- oder Unterrendite, langfristige Ertragskraft, Stabilität der Fondserträge, und 30 Prozent Gewichtung Risiko-Merkmale wie Timing, Verlustrisiko und Verhaltensrisiko
Notenskala quantitatives Rating	Bestnote: fünf Sterne, schlechteste Note: ein Stern	Bestnote: „A", schlechteste Note: „E"
Kriterien qualitatives Rating	Managementkompetenz, Gebührenpolitik, Prozesssteuerung, Analystenqualität	Ähnliche Kriterien wie bei Morningstar
Notenskala qualitatives Rating	Bestnote „Gold", schlechteste Note „Negativ"	Fließt in die Gesamtnote mit ein
Online-Informationen	www.morningstar.de	www.feri-eurorating.de

Verwaltungsgebühren

Je nach Fondsgattung zweigen Investmentgesellschaften unterschiedlich hohe Gebühren vom Guthaben der Fondsanleger ab. Diese Verwaltungsgebühr, die auch als „Management Fee" bezeichnet wird, deckt nicht nur die Aufwendungen des Fondsanbieters für Management und Kapitalmarktanalysen ab. Bis zu 50 Prozent der jährlichen Verwaltungsgebühren fließen als sogenannte Bestandsprovision an die Banken oder Finanzvertriebe, die dem Anleger die Fondsanteile verkauft haben.

Die Höhe der Gebühren kann je nach Fondsgattung und Anbieter stark variieren. So verlangen günstige Aktienfondsanbieter weniger als 1 Prozent des Guthabens pro Jahr, während bei teuren Wettbewerbern der Gebührensatz doppelt so hoch liegen kann. Deutlich geringere Gebühren werden bei Renten- und Immobilienfonds verlangt, die jedoch auch nur ein eingeschränktes Renditepotenzial bieten. Die niedrigsten Gebührensätze sind bei Geldmarktfonds zu finden.

VORSICHT

Gewinnbeteiligung schmälert die Rendite

Seit geraumer Zeit hat sich mit der Gewinnbeteiligung – im Branchenjargon auch als „Performance Fee" bekannt – eine weitere Gebührenvariante etabliert, die das Fondsinvestment weiter verteuert. Das geht nur allzu oft zulasten der beim Anleger verbleibenden Rendite. Zu unterscheiden sind bei der Berechnungsweise zwei Varianten – nämlich die absolute und die relative Gewinnbeteiligung:

- **Bei der absoluten Gewinnbeteiligung** kassiert das Fondsmanagement Extragebühren, wenn im Lauf eines Kalenderjahrs ein fester Mindestertrag überschritten wurde.
- **Bei der relativen Gewinnbeteiligung** werden Gebühren fällig, wenn der Fonds im Vergleich zu dem Aktien- oder Rentenindex, der dem Fondsportfolio am nächsten kommt, eine Überrendite erzielt. Das kann jedoch in Zeiten fallender Märkte zu zusätzlichen Belastungen für den Anleger führen: Fällt der Index um 12 Prozent, während der Fonds nur 8 Prozent Verlust machen würde, dann wird trotz Verlusts eine Gewinnbeteiligung fällig.

Besonders fies: Manche Fonds behalten in guten Jahren die Gewinnbeteiligung ein, während der Anleger bei unterdurchschnittlicher Rendite keinen Anspruch auf Verrechnung der roten Zahlen mit künftigen Gewinnen hat. Fairer werden Anleger von Fonds behandelt, die bei der Gewinnbeteiligung eine „High Water Mark" („Hochwassermarke") einbauen. Neue Gewinnbeteiligungen dürfen bei diesem Prinzip erst dann wieder kassiert werden, wenn der höchste in der Vergangenheit erreichte Stand übertroffen worden ist. Als Anleger sollten Sie darauf achten, dass ein Fonds im Vergleich zu konkurrierenden Produkten eine niedrigere Fixgebühr hat, wenn zusätzlich noch eine Gewinnbeteiligung fällig wird. Nachzulesen sind diese Kosten – am besten vor dem Kauf – im Verkaufsprospekt oder für den schnellen Überblick im Key Investor Document (kurz KID), zu deutsch: wesentliche Anlegerinformationen.

Ausgabeaufschlag

Banken und Finanzvertriebe erhalten von den Fondsgesellschaften meist den kompletten Ausgabeaufschlag als Provision. Die Höhe dieser Gebühr, die vom Anleger als Einmalbetrag beim Erwerb der Fondsanteile zu zahlen ist, ist je nach Fondsgattung und Anbieter unterschiedlich hoch. Bei Geldmarktfonds wird zumeist kein Aufschlag verlangt, da dieses Investment immer sehr kurzfristig ausgelegt und der Verwaltungs- und Vertriebsaufwand praktisch gleich Null ist. Bei den meisten Rentenfonds liegt die Spanne zwischen 2,5 und 4 Prozent, und Aktienfonds sind meist mit Aufschlägen von 4 bis 6 Prozent verbunden. Lediglich ein paar sehr teure Anbieter liegen sogar noch oberhalb der 6-Prozent-Marke.

Viele Fondsgesellschaften bieten auch Aktienfonds ohne Ausgabeaufschlag an. Allerdings wird Ihnen mit dieser Variante nichts geschenkt, im Gegenteil: Als Ausgleich für den Verzicht auf den Ausgabeaufschlag verlangen die Investmentgesellschaften für solche Fonds deutlich höhere Verwaltungsgebühren. Im Vergleich zum klassischen Fonds mit Ausgabeaufschlag liegen die laufenden jährlichen Kosten meist einen Prozentpunkt höher. Daraus errechnet sich auch, ab welchem Anlagehorizont sich der Fonds mit Ausgabeaufschlag lohnt.

! ACHTUNG

Wie der Ausgabeaufschlag schöngerechnet wird

Manche Gesellschaften greifen zu einem Rechentrick und drücken den Prozentsatz zumindest optisch, indem sie den Aufschlag nicht vom Nettoinvestment berechnen, sondern als Basis die Summe aus Nettoinvestment und Aufschlagsgebühr nehmen.

Beispiel: Ein Kunde legt 100 Euro bei der Fondsgesellschaft an, von denen nach Abzug des Ausgabeaufschlags lediglich 95 Euro auch wirklich am Finanzmarkt investiert werden. Gibt der Anbieter in diesem Fall den Ausgabeaufschlag mit 5 Prozent an, ist das schlichtweg falsch – denn bezogen auf das Nettoinvestment in Höhe von 95 Euro entspricht der Aufschlag von 5 Euro einem realen Anteil von 5,26 Prozent. Der Prozentsatz beim Aufschlag ist demzufolge nur dann korrekt angegeben, wenn als Berechnungsbasis der Rücknahmepreis – der ja dem Nettoinvestment entspricht – dient.

Als Faustregel gilt in solchen Fällen: Wer beispielsweise einen Fonds mit 5 Prozent Ausgabeaufschlag wählt, sollte sein Geld darin auch fünf Jahre lang angelegt lassen – bei kürzerer Anlagedauer wäre ein aufschlagfreier Fonds mit höherer Verwaltungsgebühr die günstigere Alternative.

→ TIPP Geld sparen beim Fondskauf
Wenn Sie beim Ausgabeaufschlag Geld sparen wollen und für Ihre Anlageentscheidungen keinen Berater benötigen, sollten Sie den Fondserwerb über eine Direktbank oder einen Discountbroker in Betracht ziehen.

Bei Direktbanken erhalten Sie meist hohe Nachlässe auf den Ausgabeaufschlag, bei einzelnen Fonds verzichten diese Anbieter sogar ganz auf den Ausgabeaufschlag, ohne dass Sie eine höhere jährliche Verwaltungsgebühr in Kauf nehmen müssen.

Auch beim Kauf von Fondsanteilen über die Börse entfällt der Ausgabeaufschlag, allerdings müssen Sie hierbei eine geringe Differenz zwischen Kauf- und Verkaufskurs sowie die Ordergebühren der ausführenden Bank mit einkalkulieren. Aber dies kann deutlich günstiger sein, als den Ausgabeaufschlag zu bezahlen – insbesondere bei Einmalanlagen.

€ FINANZEN

Was Sie bei Direktbanken und an der Börse sparen können

Angenommen, Sie wollen 5.000 Euro in einen Investmentfonds investieren. Bei 5 Prozent Ausgabeaufschlag zahlen Sie 250 Euro. Bietet Ihnen eine Direktbank 50 Prozent Rabatt auf den Ausgabeaufschlag, sparen Sie bereits beim Kauf 125 Euro. Dazu kommt, dass die jährlichen Gebühren für die Führung des Wertpapierdepots bei Direktbanken meist deutlich niedriger sind als bei Filialbanken.

Auch beim Kauf an der Börse sind die Kosten gering. Wenn die Ordergebühr bei 0,25 Prozent des Transaktionswerts liegt, zahlen Sie 12,50 Euro zuzüglich eventueller Kosten für den Börsenplatz. Allerdings erhalten Sie die Fondsanteile oft mit einem kleinen Aufschlag auf den „echten" Wert. Doch selbst wenn dieser bei 0,75 Prozent liegt, ist die Gebührenbelastung mit 50 Euro noch weitaus geringer als beim rabattierten Erwerb über die Direktbank.

Allerdings lohnt sich aufgrund der Mindestordergebühren der Fondskauf über die Börse nur bei Einmalanlagen. Bei Sparplänen bieten hingegen viele Direktbanken auch für kleine monatliche Sparraten einen Rabatt auf den Ausgabeaufschlag an.

Gebühren sparen mit Indexfonds (ETFs)

Dass der größte Teil der Fondsmanager mit aktiv gemanagten Fonds allenfalls ein durchschnittliches Ergebnis erzielt, ist weniger auf mangelnde Professionalität als auf den Kostennachteil aktiv gemanagter Fonds zurückzuführen. Wer von vornherein 1,5 oder 2 Prozent pro Jahr für die Kosten einzukalkulieren hat, muss erst einmal eine entsprechend überdurchschnittliche Rendite erzielen, um mit dem Gros des Markts mithalten zu können. Auf Dauer ist dies selbst für hochprofessionelle Akteure an den Wertpapiermärkten eine immense Herausforderung – denn Zusatzrenditen lassen sich nur mit höheren Risiken erwirtschaften, was wiederum die Gefahr von Rückschlägen und Fehlinvestments erhöht.

Daraus ergibt sich die Überlegung, das aktive Fondsmanagement einzusparen und mit dem Fonds einfach einen Aktienindex wie den MSCI-Weltaktienindex oder den Euro Stoxx abzubilden. Dann nämlich können die Orders automatisiert abgewickelt werden, was die Verwaltungskosten auf ein Minimum reduziert. Genau diese Strategie verfolgen börsennotierte Indexfonds, die auch als „Exchange Traded Funds" oder abgekürzt als „ETFs" bezeichnet werden. Wie es der Name schon besagt, werden die Anteile dieser Fonds wie Aktien an der Börse erworben und verkauft.

Die Verwaltungsgebühren sind bei ETFs sehr niedrig. So liegt die Verwaltungsvergütung je nach Fondsart bei 0,15 bis 0,5 Prozent pro Jahr. Die Kosten machen also nur in etwa 10 bis 30 Prozent der Kosten eines aktiven Managements aus. Mit einem Indexfonds machen Sie natürlich auch alle Auf- und Abwärtsbewegungen des Aktienmarkts mit. Es geht also genauso turbulent zu wie bei aktiv gemanagten Fonds. Aber immerhin ist man mit einem Indexfonds genauso gut wie der Markt und läuft diesem nicht bei hohen Kosten hinterher.

Gezielt nach ETFs fragen

Ralf Nomrosky, von der IHK zu Düsseldorf bestellter Sachverständiger, kritisiert das Verhalten von Bankberatern, die ihre Kunden oftmals nicht über kostengünstige ETFs informieren: „Indexfonds sind in der Beratung nicht sonderlich beliebt, weil Banken beim Verkauf von aktiv gemanagten Fonds vom Anbieter den Ausgabeaufschlag und eine jährliche Bestandsprovision erhalten. Das ist meist ein Vielfaches der Ordergebühr bei einer vergleichbaren Anlage in ETFs. Anleger sollten daher gezielt nach ETFs fragen oder sich bei entsprechender Kenntnis von vornherein selbst um die Zusammenstellung ihres Depots bei einer kostengünstigen Direktbank kümmern."

Die Kostenvorteile beim ETF-Investment

Die folgende Übersicht verdeutlicht noch einmal den Kostenvorteil:

Endkapital bei Einmalanlage von 10.000 Euro

	VERWALTUNGSVERGÜTUNG 1,5 % PRO JAHR AKTIV GEMANAGTER FONDS	VERWALTUNGSVERGÜTUNG 0,15 % PRO JAHR ETF
Endkapital nach 10 Jahren	18.771,00 Euro	21.291,00 Euro
Endkapital nach 20 Jahren	35.236,00 Euro	45.332,00 Euro

Angenommene Fondsrendite vor Kosten: 8 Prozent

Endkapital bei Sparplan mit 100 Euro monatlich

	VERWALTUNGSVERGÜTUNG 1,5 % PRO JAHR AKTIV GEMANAGTER FONDS	VERWALTUNGSVERGÜTUNG 0,15 % PRO JAHR ETF
Endkapital nach 10 Jahren	16.763,00 Euro	17.994,00 Euro
Endkapital nach 20 Jahren	48.231,00 Euro	56.307,00 Euro

Angenommene Fondsrendite vor Kosten: 8 Prozent

Praktisch ist, dass Sie mit ETFs auf unterschiedliche Wertpapierarten und Märkte setzen können. Es gibt ETFs auf Aktien, Renten, bestimmte Branchen oder Rohstoffe.

Damit können Sie sich die Zusammensetzung eines risikoorientierten oder eher risikoarmen Depots einfach selbst basteln: Eine ETF-Mischung aus Renten Eurozone, Geldmarkt ETF, Aktien Europa und Welt, Aktien der Schwellenländer und vielleicht Japan bietet ein breit aufgestelltes Depot. Gewichten Sie die Anteile je nach Ihrer Risikoneigung. Auch können Sie nur den risikobehafteten Teil Ihrer Geldanlage mit Aktien-ETFs gestalten und für die Absicherung kosten- und risikolose Sparprodukte dazu nehmen.

Der Kauf von ETFs ist ganz einfach. Sie kaufen diese genauso wie Aktien über Ihre Bank an der Börse. Sie erteilen über die

Order den Auftrag entweder für eine bestimmte Stückzahl oder für einen bestimmten Wert. Die Anteile werden auf Ihrem Depotkonto verbucht und verbleiben dort, bis Sie diese irgendwann bei lohnenswerten Kurssteigerungen wieder verkaufen. Hier gibt es aber keinen Ausgabeaufschlag, sondern folgende Kosten:

→ Grundgebühr pro Order (je nach Bank, zum Beispiel 4,95 Euro),
→ Provision (zum Beispiel 0,25 Prozent),
→ Börsenplatzgebühr (zum Beispiel 1,50 Euro),
→ Spread (Differenz zwischen Kauf- und Verkaufskurs, zum Beispiel 0,05 Prozent).

→ **TIPP Regelmäßig sparen mit ETFs**
Während beim Erwerb von aktiv gemanagten Fonds über die Börse Sparpläne aufgrund der hohen Mindestordergebühren nicht sinnvoll sind, bieten einige Direktbanken und mittlerweile auch vereinzelt Filialbanken ETF-Sparpläne zu günstigen Konditionen an. So können Sie je nach Anbieter beispielsweise monatliche Sparraten ab 50 Euro zu Ordergebühren von 1,75 Prozent oder unter bestimmten Voraussetzungen sogar ohne Ordergebühr einrichten. Damit lohnt sich der Vermögensaufbau mit Indexfonds auch bei kleinen regelmäßigen Sparraten.

Gut versteckt: Gebühren beim Versicherungssparen

Seit einiger Zeit müssen Anbieter von Kapitalversicherungen den Anleger vor dem Vertragsabschluss über die im Vertrag enthaltenen Kosten informieren. So müssen Angaben zur Höhe der in der Versicherungsprämie einkalkulierten Abschlusskosten als Gesamtbeitrag gemacht werden, auch müssen die übrigen einkalkulierten Kosten als Anteil der Jahresprämie unter Angabe der jeweiligen Laufzeit ausgewiesen werden.

Zwar erfährt der Sparer die Kosten der Versicherung. Aber ein Grundproblem bleibt: die Verrechnung der Vertriebsprovisionen. Denn unabhängig davon, ob Sie Ihren Vertrag bis zum Ende durchhalten, erhält der Versicherungsvermittler seine Provision auf Basis der kompletten künftigen Einzahlungen.

Mithilfe des komplizierten Zillmer-Verfahrens kann ermittelt werden, wie der Gegenwert der sofort ausgezahlten Vertreterprovisionen nach und nach in den Vertrag einfließen und gleichzeitig aus den Sparbeiträgen die Prämie für den Todesfallschutz finanziert werden kann. Sozusagen scheibchenweise werden die noch nicht eingebuchten Provisionen von den Sparraten abgezogen, bis keine Provisionsschulden mehr übrig sind. Abschlusskosten in Höhe von bis zu 2,5 Prozent der Beitragssumme dürfen nach diesem Verfahren in den ersten fünf Jahren dem Sparer direkt belastet werden, so die Regelung der Bundesanstalt für Finanzdienstleistungsaufsicht (BaFin).

HINTERGRUND

Was ist die Zillmerung?

Die sofortige Provisionsverrechnung wird auch als „Zillmerung“ bezeichnet. Das mathematische Verfahren hierzu entwickelte im Jahr 1863 der Versicherungsmathematiker August Zillmer. Dabei ist zu berücksichtigen, dass der Sparer zwar theoretisch erst einmal Schulden beim Versicherer hat – aber diese kann die Versicherungsgesellschaft selbst bei frühzeitiger Kündigung nicht geltend machen. Überdies muss sie von Beginn an die Absicherung des Todesfalls gewährleisten, sofern es sich um eine Lebensversicherung und nicht um eine reine Rentenpolice handelt.

→ **TIPP Kostenersparnis durch Direktversicherer**
Wenn Sie einen Versicherungssparplan abschließen, bieten Ihnen Direktversicherer, die keine Vertriebsorganisationen finanzieren müssen, oft eine günstigere Kostenstruktur als herkömmliche Versicherer, die ihre Policen über den eigenen Außendienst oder Finanzvertriebe verkaufen.

Dem Versicherungssparer bringt die Zillmerung vor allem in den ersten Jahren drastische finanzielle Einbußen – wer beispielsweise nach fünf Jahren den Rückkaufswert seines Versicherungssparvertrags mit der Summe der bereits geleisteten Sparraten vergleicht, kann dies bestätigen. Doch durch die Senkung des Höchstzillmersatzes von 40 auf 25 Promille sollen höhere Rückkaufswerte bei frühzeitiger Kündigung erreicht werden.

Besser ist es aber natürlich, wenn man gar nicht kündigen muss. Überlegen Sie daher vor Abschluss genau, ob eine Kapitalversicherung mit langer Laufzeit überhaupt ein geeignetes Anlageinstrument für Ihre Ziele darstellt.

Bewertung und Optimierung bestehender Geldanlagen

Nicht nur bei neuen Anlagen gilt es, sich genau zu informieren, um die besten Optionen wahrzunehmen. Auch Investitionen, die schon seit längerer Zeit bestehen, sollten regelmäßig überprüft werden und gegebenenfalls an eine veränderte Lebenslage oder gewandelte finanzielle Situation angepasst werden.

Bei den folgenden Erläuterungen zur Bewertung von Versicherungen sollten Sie beachten, dass hier das Anlageprodukt im Vordergrund steht. Enthält der Vertrag jedoch Zusatzbausteine, auf die Sie dringend angewiesen sind, wie zum Beispiel einen Berufsunfähigkeitsschutz und einen grundlegenden Todesfallschutz mit hoher Versicherungssumme, so müssen Verträge differenzierter betrachtet werden. Dazu ist eine ausführliche persönliche Beratung bei unabhängigen Versicherungsberatern (→ Bundesverband der Versicherungsberater, www.bvvb.de) oder bei den Verbraucherzentralen (www.verbraucherzentrale.de) zu empfehlen.

Garantieverzinste Versicherungen

Der Höchstrechnungszins allein ist nicht entscheidend. Da er nur auf den Sparanteil der Einzahlungen gewährt wird, sollte zur besseren Einschätzung die Rendite ermittelt werden. Dies ist ganz einfach. Dafür gibt es leicht zu bedienende Rechner im Internet unter www.zinsen-berechnen.de oder bei *Finanztest*. Zu dieser garantierten Rendite kommen unwägbare Überschüsse hinzu.

Ein Vergleich der garantierten Restlaufzeitrendite mit anderen sicherheitsorientierten Anlagen beantwortet Ihnen die Frage, ob es sinnvoll ist, an der Besparung festzuhalten. Auch wenn Ihre Versicherung steuerbegünstigt ist, sofern sie vor 2005 abgeschlossen wurde, ist es wichtig, hier genau zu rechnen. Denn ein Steuervorteil allein macht aus einem wenig rentierlichen Vertrag noch nicht unbedingt einen guten Abschluss. Darüber hinaus können Sie durch simple Änderungen einen Vertrag optimieren.

Zuallererst sollten Sie prüfen, ob der Vertrag eine Dynamisierung der Sparraten enthält. Die automatische jährliche Erhöhung kann mitunter ganz schön teuer werden. Immerhin werden auf die Erhöhung erneut Kosten berechnet und außerdem wird bei einer Versicherung mit Todesfallschutz auch dieser Schutz immer teurer, da die Dynamik wie ein Neuabschluss bewertet wird. Der Versicherte ist älter und der Todesfallschutz damit teurer. Das Aussetzen der Dynamik können Sie, grob gesagt, im letzten Drittel der Vertragslaufzeit erwägen. Sie können aber auch bei jedem neuen Angebot der Dynamik mit den bereits erwähnten Rechnern ermitteln, wie sich die Restlaufzeitrendite durch die Annahme der Dynamik verändert, und entscheiden, ob die Dynamik sinnvoll ist.

Bei einer Versicherung geht es allerdings nicht immer nur um den Sparaspekt, sondern eventuell auch um den Todesfallschutz. Wenn Hinterbliebene nicht über eine Risikolebensversicherung ausreichend geschützt sind oder wegen Vorerkrankungen der Abschluss einer solchen gar nicht möglich ist, so kann eine weitere Dynamik sinnvoll bzw. notwendig sein. Lassen Sie sich im Zweifel bei den Verbraucherzentralen ausführlich dazu beraten.

→ **TIPP Fragwürdiger Unfalltodesschutz**
Manche kapitalbildenden Lebensversicherungen sind mit einem sogenannten Unfalltodesschutz ausgestattet. Dann wird die Versicherungssumme erhöht, wenn der Versicherte aufgrund eines Unfalls verstirbt. Eine Klausel, für die es wenig Grund gibt. Sie kann aus einem laufenden Vertrag herausgenommen werden, ohne dass Steuerprivilegien verfallen. Die Versicherungsprämie sinkt.

Jährliche Zahlungen oft günstiger

Thomas Hentschel, Finanzexperte bei der Verbraucherzentrale NRW, macht auf eine einfache Maßnahme zur Kosteneinsparung bei Kapitalversicherungen aufmerksam: „Auch der Einzahlungsrhythmus wirkt sich auf die Rendite aus. Viele Anbieter berechnen Ratenzuschläge, wenn monats- oder quartalsweise eingezahlt wird. Durch simple Umstellung des Sparrhythmus auf jährliche Einzahlungen sparen Sie bares Geld. Die bisherigen Monatsbeträge können Sie per Dauerauftrag auf einem Tagesgeldkonto ansparen und dann ein Mal pro Jahr einzahlen."

Fondsgebundene Versicherungen

Die Qualität bei fondsgebundenen Versicherungen hängt von den Kosten des Versicherungsmantels sowie den Kosten und der Qualität der Fonds ab. Bei dieser Produktart ist es daher unerlässlich, sich von Zeit zu Zeit mit der Anlage zu beschäftigen. Können oder wollen Sie dies nicht, sollten Sie sehr kritisch prüfen, ob es überhaupt das geeignete Produkt für Sie ist.

Was sollten Sie tun? Zumindest jährlich die bisherige Einzahlungssumme mit dem aktuellen Gegenwert vergleichen. In den Anfangsjahren sind die Werte aufgrund der hohen Abschluss- und Vertriebskosten ernüchternd. Aber nach einem Drittel der Laufzeit sollte hier bei positiver Börsenentwicklung ein deutlicher Kapitalzuwachs zu verzeichnen sein. Nicht selten werden in der Beratung bei der Verbraucherzentrale Verträge vorgelegt, die teils älter als zehn Jahre sind und das Guthaben ist trotz sehr guter Börsenentwicklung noch immer unter der Summe der Einzahlungen. Wann soll denn dann die Rendite erwirtschaftet werden? Der Grund für solche Entwicklungen liegt in den oft hohen Kosten dieser Produktart, zuweilen auch in der schlechten Qualität der zugrunde liegenden Fonds.

Optimieren können Sie einen einigermaßen kostengünstigen Vertrag durch einen Fondstausch. Daher sollten Sie auch die Fondswertentwicklung verfolgen und entscheiden, ob nicht der Wechsel in andere von der Versicherung angebotene Fonds sinnvoll sein kann. Auch kann ein Fondswechsel sinnvoll sein, wenn ordentliche Kurssteigerungen beispielsweise gesichert und das Kursrisiko insgesamt bis zur Fälligkeit gesenkt werden soll. Versicherungen bieten dazu unterschiedliche Möglichkeiten:

→ **Ablaufmanagement.** Hier schichtet die Versicherung Vermögen von Aktienfonds nach und nach in risikoärmere Misch- oder Rentenfonds um. Wünschen Sie so etwas, so müssen Sie dies bei manchen Versicherungen aktiv anstoßen. Sie finden Informationen dazu in den Versicherungsbedingungen.

→ **Fondswechsel.** Fonds können Sie auch selbst tauschen. Dazu gibt es Shift und Switch. Bei einem Shift veranlassen Sie die Umschichtung der vorhandenen Fondsanteile in andere Fonds. Bei einem Switch geben Sie vor, dass künftige Einzahlungen in andere Fonds fließen sollen. Beides können Sie kombinieren. Fragen Sie auch nach dem aktuellen Fondsangebot. Dies verändert sich durchaus im Lauf der Zeit. Sind vielleicht mittlerweile auch günstige ETFs im Angebot?

→ **Auszahlung.** Wie wird bei Fälligkeit ausgezahlt? Sofern es nicht um eine lebenslange Rente geht, wird zum Fälligkeitstermin der aktuelle Gegenwert der Fonds auf einen Schlag ausgezahlt. Bei hohen Kursen lohnend, bei einem Börsentief gegebenenfalls eine Katastrophe. Abhilfe können Sie mit folgenden Möglichkeiten schaffen: Sie können sich einfach die Fondsanteile „liefern" lassen. Das heißt, sie werden auf Ihr Wertpapierdepot übertragen und Sie können sie bis zu einer Kurserholung liegen lassen. Prüfen Sie, ob Ihr Anbieter die Lieferung der Wertpapiere anbietet.

Prüfen Sie generell anhand der folgenden Kriterien Ihren Vertrag, sodass Sie entscheiden können, ob das Produkt Ihrem Bedarf entspricht ist und eine weitere Besparung sinnvoll ist.

→ **Ablauftermin.** Häufig ist es möglich, den Ablauftermin hinauszuschieben oder vorzuziehen. Dafür ist es erforderlich, dass Ihr Vertrag dies zulässt und Sie dann auch regelmäßig die Kursentwicklung der Fonds verfolgen.

→ **Garantierter Rentenfaktor.** Bei einer fondsgebundenen Rentenversicherung sagt der Anbieter in der Regel einen sogenannten Rentenfaktor zu. Dieser wird zur Ermittlung der späteren monatlichen Rente benötigt. Häufig wird dies folgendermaßen dargestellt: Pro 10.000 Euro Fondsguthaben beträgt die monatliche lebenslange Rente 30 Euro (je nach Anbieter mehr oder weniger). Anleger, die sich für eine Rentenversicherung entschieden haben, legen Wert auf diese Planungssicherheit. Doch mitunter ist dieser Rentenfaktor gar nicht garantiert. Dann kann der Versicherer diesen Faktor zu Rentenbeginn neu festlegen. Also: Nur ein garantierter Rentenfaktor gibt Ihnen die gewünschte Planungssicherheit.

→ **Hinterbliebenenschutz prüfen.** Egal ob fondsbasiert oder garantieverzinst: Prüfen Sie, was im Todesfall passiert. Es schadet übrigens nicht, generell immer mal

wieder zu prüfen, wer überhaupt bezugsberechtigt ist.

- **Zeitpunkt Todesfallschutz.** Bei Rentenversicherungen ist darüber hinaus der Todesfallschutz vor Rentenbeginn und ab Rentenbeginn zu prüfen. Vor Rentenbeginn ist häufig – aber eben nicht generell – das gebildete Vermögen oder die bisherige Beitragssumme vererbbar. Und ab Rentenbeginn? Hinterbliebene gehen in der Regel leer aus, wenn keine Rentengarantiezeit vereinbart ist. Problematisch ist eine sehr kurze Rentengarantiezeit, wenn der Lebenspartner dringend auf dieses Einkommen angewiesen ist und die versicherte Person früh verstirbt. So kann es mitunter sinnvoller sein, sich zu Rentenbeginn lieber das Kapital auszahlen zu lassen, statt die Rente zu beziehen. Dies ist möglich, wenn der Vertrag ein Kapitalwahlrecht vorsieht. Prüfen Sie dies frühzeitig.

Sie sehen: Eine fondsgebundene Versicherung ist ein Produkt, um das man sich kümmern sollte!

Sollten Sie aufgrund der erläuterten Kriterien entscheiden, dass Sie Ihr Produkt nicht weiter besparen wollen, stehen Ihnen mehrere Möglichkeiten offen:

- Beitragsfreistellung,
- Rückkauf/Kündigung,
- Prämienreduzierung,
- Ausstieg über einen Widerruf/Widerspruch,
- Verkauf über den Zweitmarkt.

Chancen und Risiken dieser Optionen sollten ausführlich erörtert und gut gegeneinander abgewogen werden. Hierzu ist eine Beratung von Versicherungsexperten – hinsichtlich des Widerrufs durch Juristen – dringend angeraten.

FINANZEN

Welche Konsequenzen ein korrigierter Rentenfaktor mit sich bringt

Ist der Rentenfaktor nicht garantiert, kann der Versicherer ihn zum Rentenbeginn neu festlegen. Wenn die durchschnittliche Lebenserwartung steigt, würde dann der Rentenfaktor nach unten korrigiert. Wenn er beispielsweise von 30 Euro auf 27 Euro pro 10.000 Euro sinkt, dann muss man gut drei Jahre länger leben, um zumindest das zu Rentenbeginn vorhandene Guthaben verbraucht zu haben.

10.000 Euro : 30 = 333 Monate
(27,8 Jahre muss man Rente beziehen, um sein Guthaben zurückzuerhalten).

10.000 Euro : 27 = 370 Monate
(fast 31 Jahre muss man Rente beziehen, um sein Guthaben zurückzuerhalten).

Eine Rentenversicherung ist eine Wette auf ein langes Leben. Nur wenn Sie die Rente länger beziehen, als die Werte in diesem Beispiel angeben, gewinnen Sie.

Bausparvertrag

Beim Prüfen von bestehenden Bausparverträgen ist zu unterscheiden, ob es sich um einen Renditebausparvertrag mit dem Ziel der reinen Geldanlage oder um einen klassischen Bausparvertrag zum Zweck einer späteren Immobilienfinanzierung handelt.

Renditebausparen

Wenn Sie einen Renditebausparvertrag zur Geldanlage besparen, sollten Sie die Höhe des Guthabenzinses prüfen. Gibt es noch einen Extrazuschlag, wenn Sie bei Zuteilung auf das Darlehen verzichten? Gelegentlich wird dieser Zinsbonus nur unter Bedingungen und für eine maximale Laufzeit gewährt.

Diese sollten Sie kennen, damit Sie dann das Guthaben entnehmen, wenn der Vertrag ohne Bonus nicht attraktiv verzinst wird.

Wenn der Vertrag sehr attraktive Guthabenzinsen aufweist könnte es sein, dass die Bausparkasse versucht, Sie aus dem Vertrag zu drängen. Gerade in Zeiten niedriger Zinsen sind Verträge mit hohen Guthabenzinsen für die Bausparkassen lästig. Daher gehen sie manchmal sehr kreativ vor, um den Verbrauchern einen Tarifwechsel oder Ausstieg schmackhaft zu machen – oder sie schicken bei alten Verträgen die Kündigung. Hierzu hat der Bundesgerichtshof entschieden: Wenn der Vertrag mehr als zehn Jahre zuteilungsreif ist und der Bausparer sein Guthaben noch immer nicht abgerufen hat, darf die Bausparkasse den Vertrag kündigen (Urteile vom 21. Februar 2017, Az. XI ZR 185/16 und XI ZR 272/16).

Die Homepages der Verbraucherzentralen (www.verbraucherzentrale.de) bieten aktuelle Informationen dazu an. Um sich gegen einen „Rausschmiss" zu wehren, können Sie im ersten Schritt Musterbriefe der Verbraucherzentrale nutzen und/oder die jeweiligen Schlichtungsstellen oder den Ombudsmann einschalten. Eine Klage gegen die Bausparkasse kommt nur nach Prüfung Ihrer rechtlichen Ansprüche durch einen Fachanwalt infrage und sofern Ihre Rechtschutzversicherung dafür eintritt.

Finanzierungsbausparen

Aus einem ganz anderen Blickwinkel sollten Sie einen Bausparvertrag betrachten, den Sie für eine spätere Baufinanzierung besparen. Bausparen ist eine Wette. Sie sichern sich bei Abschluss durch Wahl des Tarifs die Konditionen für ein mögliches späteres Darlehen. Werfen Sie einen Blick in die Bausparbedingungen: Wie hoch ist der Effektivzins für das spätere Darlehen? Bei anstehendem Finanzierungsvorhaben sollten Sie prüfen, ob dieser wirklich niedriger ist, als wenn Sie ein Immobiliendarlehen mit guten aktuellen Konditionen bei der Bank neu abschließen? Auch eine wichtige Frage: Wann ist der Vertrag überhaupt zuteilungsreif? Hierzu sollten Sie Beispielrechnungen von der Bausparkasse anfordern.

Wenn eine Anschlussfinanzierung innerhalb der nächsten fünf Jahre ansteht, sollten Sie ebenfalls einen Vergleich anstellen. Eine Zinsabsicherung für die Zukunft kann alternativ zum Bausparen auch mit einem Forward-Darlehen gelingen; dabei wird das Darlehen erst nach einer bestimmten Vorlaufzeit ausgezahlt. Zumal Sie bei Letzterem gegebenenfalls auch noch mehr Freiheit bei der Wahl der gewünschten Rückzahlungsrate und Veränderungen der laufenden Tilgung haben.

Es ist nicht gesagt, dass das Darlehen der Bausparkasse schlechter ist, aber Sie sollten zumindest die Möglichkeiten kennen und vergleichen. Und bedenken Sie auch: Es gibt Tarife, die weitere Varianten enthalten. So können Sie eventuell ohne zusätzliche Kosten in einen Vertrag mit günstigerem Effektivzins wechseln. Anleger sollten nicht darauf vertrauen, dass sie unaufgefordert darauf hingewiesen werden. Informieren Sie sich selbst in den Bausparbedingungen!

Für die Besparung von Bausparverträgen erhalten Sie unter Umständen eine staatliche Förderung. Wenn Sie die Einkommensgrenzen einhalten, sollten Sie daran denken, die Arbeitnehmersparzulage über das Finanzamt bzw. die Wohnungsbauprämie über die Bausparkasse zu beantragen (→ Seite 90).

vL-Sparverträge

Wird ein vL-Sparvertrag fällig, bietet die Bank in der Regel einen Anschlussvertrag an. So sparen Anleger manchmal immer mit derselben Produktart beim selben Anbieter ihre vermögenswirksamen Leistungen an. Das ist zwar bequem, jedoch nicht unbedingt sinnvoll. Denn es lohnt sich stets, die Qualität zu prüfen.

Denkbar ist außerdem, dass sich die Risikoneigung oder die Anlageziele verändert haben. Die Banken profitieren von der Bequemlichkeit des Kunden. So können sie ohne großen Aufwand immer wieder aufs Neue einen provisionsorientierter Bausparvertrag oder einen Sparplan mit Aktienfonds mit deutlich unterdurchschnittlicher Qualität verkaufen. Prüfen Sie daher Ihren vL-Vertrag – spätestens wenn es um die Neuanlage geht.

vL-Banksparplan

Ein vL-Banksparplan stellt häufig eine Mischung aus variablem Grundzins und Bonus dar. Vor Neuabschluss eines Vertrags sollte die Rendite ermittelt und mit attraktiven Alternativen verglichen werden. Tests dazu finden Sie unter www.finanztest.de oder www.finanztip.de. Der Wechsel eines laufenden vL-Banksparplans ist jedoch nicht empfehlenswert, denn Sie verlieren dann den Endbonus!

→ TIPP Tilgung mit vermögenswirksamen Leistungen

Übrigens können vL auch direkt zur Tilgung eines Darlehens eingesetzt werden. Wenn Sie eine Baufinanzierung mit veränderlicher Tilgung haben, kann Ihr Arbeitgeber zukünftig gegebenenfalls einfach die vL dorthin überweisen. Sie sparen den Effektivzins des Darlehens und bauen Ihre Schuld schneller ab – eine wunderbare Anlageform für vL.

▶ BEISPIEL

Rendite: sieht gut aus, ist aber mager

Prämiensparen mit festem Grundzins von 0,1 Prozent, maximale Laufzeit 15 Jahre, Prämie ab dem dritten Jahr, beginnend mit 1 Prozent und jährlich steigend bis zum 14. Jahr, dann im 15. Jahr 15 Prozent = Dieser Vertrag bietet Ihnen bei 15 Jahren Laufzeit sage und schreibe eine Rendite von kläglichen 0,89 Prozent p.a.

vL-Fonds

Bot Ihr Fonds bisher eine überdurchschnittliche Wertentwicklung? Wenn nicht, können Sie die Besparung unterbrechen und die vL in einen anderen Fonds umlenken. Mittlerweile gibt es auch die Möglichkeit, die vL in einen ETF-Sparplan zu investieren.

Für die Anlage von vL gibt es Sperrfristen (→ Seite 89), wenn Sie Förderung erhalten. Beachten Sie, dass eine neue Sperrfrist beginnt, sobald Sie Sparraten aus einem laufenden vL-Sparvertrag auf einen neuen umlenken. An das Guthaben auf einem „stillgelegten" vL-Sparvertrag mit Förderung kommen Sie bis zum Ablauf der Sperrfrist nicht heran. Lösen Sie vorher auf, so entfällt die Förderung. Denken Sie auch an die Kosten, die bei einem Wechsel entstehen können!

Prämiensparen und Bonussparen

Hier wird Ausdauer belohnt: Je länger gespart wird, umso höher ist die Prämie. Viele Anleger halten an dieser Anlage fest, weil sie auf die vermeintlich hohen Prämien, die sie in den letzten Jahren erhalten haben, auch in Zukunft nicht verzichten wollen. Doch rechnen Sie! Wie hoch ist die Rendite des Produkts wirklich? Schließlich gibt es die Prämie ja nicht auf das Guthaben, sondern meist nur auf die Einzahlungen eines Jahres. Mit Rechnern von *Finanztest* oder www.zinsen-berechnen.de können Sie die Rendite für unterschiedliche Zeiträume ermitteln und beurteilen, ob sie wirklich attraktiv ist.

Durchforsten Sie Ihre Verträge: Ist dort die Rendite deutlich geringer, als sie mit anderen Sparprodukten erzielen können? Wenn ja, dann nutzen Sie zumindest den einen Vorteil des Produkts: Häufig können Sie mit dreimonatiger Kündigungsfrist aussteigen.

Riester-Sparverträge

Riester-Produkte können gewechselt werden. Die Förderungen bleiben erhalten, wenn das Guthaben wieder auf ein Riester-Produkt übertragen wird. Auch ein Wechsel von den Geld-Riesterprodukten auf die Wohn-Riestermöglichkeiten ist möglich. Da keine Lebenssituation über Jahre gleich bleibt, sollten Sie Ihre Altersvorsorge immer wieder anpassen. In der Beratung bei der Verbraucherzentrale werden vor allem zwei Fragen zu den Riester-Verträgen aufgeworfen:

- Lohnt sich für mich noch die Riester Förderung? Riestere ich richtig?
- Ist mein Produkt gut und sollte ich daran festhalten?

Bezüglich der Förderung sollten Sie zunächst prüfen, ob Sie überhaupt die **volle Förderung** erhalten haben. Schauen Sie nach, ob Sie einen Dauerzulageantrag gestellt haben. Einmal im Jahr bekommen Sie eine Information des Anbieters mit der Überschrift „Bescheinigung nach § 92 EStG für das Jahr ...". Hier wird auch die erhaltene Zulage für das Beitragsjahr aufgeführt.

Prüfen Sie, ob dies der volle Zulagebetrag war. Falls nicht, sollten Sie nach dem Grund fragen. Haben Sie nicht die erforderliche Sparleistung von 4 Prozent des Vorjahresbruttoeinkommens erbracht? Passen Sie in Zukunft die Sparquote entsprechend der Entwicklung Ihres Bruttoeinkommens an. Gegebenenfalls müssen Sie weggefallene Kinderförderungen durch Eigenbeiträge auffangen, um die erforderliche Gesamtsparleistung zu erreichen. Zweifelsfragen zur Zulagengewährung klären Sie mit der Zentralen Zulagenstelle für Altersvermögen (ZfA) oder mit Ihrem Anbieter.

Eine weitere wichtige Angabe ist der **Stand des Altersvorsorgevermögens.** Dies ist der aktuelle Vertragsgegenwert. Er kann höher oder niedriger sein als die Summe aller bisherigen Einzahlungen, nämlich Eigenbeiträge und Zulagen. Dieser Wert entspricht der Beitragsgarantie. Vergleichen Sie die Angaben, so bekommen Sie einen Eindruck der Wertentwicklung.

Ein Produkt ist so gut, wie es zu Ihren Zielen, der Risikoneigung und Lebenssituation passt. Ein Fondsprodukt ist eher nicht bedarfsgerecht, wenn Sie das Guthaben später für einen Immobilienerwerb oder Sondertilgungen entnehmen wollen. Denn wenn gerade dann Kurse im Keller sind, bekommen Sie weniger Geld. Darüber hinaus ist es sinnvoll von Zeit zu Zeit die Qualität von Fonds zu prüfen.

Wenn die Wertentwicklung deutlich positiv ist, können Sie bei manchen Anbietern veranlassen, dass von Aktienfonds in risikoärmere Fonds umgeschichtet wird. Sollte der Vertrag dies nicht zulassen, können Sie Erträge sichern, indem Sie das Kapital auf ein sicherheitsorientiertes Riester-Produkt wie einen Banksparplan übertragen lassen. Interessant kann dies sein, wenn Ihr Renteneintritt näher rückt. Rechnen Sie allerdings damit, dass es in Zukunft weniger oder sogar keine Anbieter für diese Möglichkeit gibt.

Riester-Rentenversicherungen können Sie anhand der Kriterien bewerten, die auch für sonstige Rentenversicherungen gelten. Bei alten verzinslichen Versicherungen ist im Vergleich zu jüngeren Verträgen der höhere Garantiezins noch ein Pluspunkt.

Ein weiteres Kriterium ist insbesondere für Männer der Abschlusszeitpunkt. Seit 2006 sind die Tarife als Unisex-Tarife kalkuliert. Verträge aus der Zeit vorher weisen für Männer höhere Renten auf und sind damit von Vorteil.

Bevor Sie über den Wechsel eines Riester-Produkts nachdenken, sollten Sie immer berücksichtigen, dass der früheste Rentenbezug aus einem Riester-Produkt bei Abschluss seit 2012 der 62. Geburtstag ist. Bei älteren Verträgen kann die Rente bereits ab 60 bezogen werden.

→ **TIPP Kurz vor Rentenbeginn Produktwechsel prüfen**

Holen Sie Angebote ein. Welcher Anbieter zahlt Ihnen aus dem vorhandenen Vermögen die höchste Rente bei gleichen Rahmenbedingungen? Auch kurz vor Renteneintritt können Sie noch ein Riester-Produkt wechseln. Beachten Sie aber grundsätzlich: Jeder Wechsel kostet. Kalkulieren Sie sehr genau.

100EURO
ΕΥΡΩ

Haftung und Transparenz

Jährlich gehen bundesdeutschen Anlegern viele Milliarden Euro durch fehlerhafte Kapitalanlage verloren. Die Verursacher sind nicht nur im Kreis der halbseidenen Finanzvertriebe des grauen Kapitalmarkts zu finden, sondern auch an so manchem Bankschalter. Grund genug also, sich darüber zu informieren, welche Rechte Anleger haben und wie sie im Streitfall Ansprüche durchsetzen können.

Wenn Anleger Verluste erleiden, sind oft genug die Risiken des Anlageprodukts nicht ausreichend dargestellt worden, sei es im Beratungsgespräch oder in den schriftlichen Unterlagen. Daraus kann sich je nach Konstellation eine Haftung des Beraters oder des Emittenten der Kapitalanlage ergeben – mit der Konsequenz, dass der Geschädigte Schadenersatzansprüche geltend machen kann. Dabei sind zwei Sachverhalte zu unterscheiden: die Beraterhaftung und die Prospekthaftung.

Beraterhaftung

Erweist sich ein vermeintlich sicheres Anlageprodukt als risikobehafteter Verlustbringer, bleibt zu prüfen, inwieweit gegenüber dem Anlageberater oder -vermittler Schadenersatzansprüche wegen einer Verletzung von Aufklärungspflichten geltend gemacht werden können. Als Rechtsgrundlage dient hierbei die in der Vergangenheit insbesondere durch den Bundesgerichtshof ergangene Rechtsprechung, die letztendlich auch die Basis für die Ausformulierung der Verhaltensregeln des Wertpapierhandelsgesetzes bildet. In etlichen Urteilen haben die obersten Richter als Pflichtenstandard für die Anlageberatung festgelegt, dass Finanzanbieter ihre Kunden sowohl „anlagegerecht" als auch „anlegergerecht" beraten müssen.

Das bedeutet im Klartext, dass einerseits umfassend über die Eigenschaften und Risiken der angebotenen Anlageformen aufgeklärt werden muss, wobei der Berater sich die entsprechenden Informationen durch eine eigenständige Überprüfung der Angebote zu beschaffen hat. Andererseits muss die Beratung die persönlichen Voraussetzungen, zum Beispiel den Wissensstand und bisherige Anlageerfahrungen des Kunden, sowie dessen Risikobereitschaft berücksichtigen.

Verstößt ein Kreditinstitut oder ein Finanzvermittler gegen diese Grundsätze, so liegt eine Verletzung der Beratungspflicht vor. Weitere Entscheidungen des Bundesgerichtshofs und anderer Obergerichte in Anlageberatungsfällen bestätigen, dass ein Berater seine Kunden sorgfältig, wahrheitsgemäß und vollständig über alle Tatsachen informieren muss, die für die Anlageentscheidung von Bedeutung sind. Dabei muss vor allem auf die bestehenden Anlagerisiken hingewiesen werden.

Nicht haften muss der Anlageberater dagegen für den Fall, dass ein erhoffter Anlageerfolg nicht eintritt. Verspricht zum Anlagezeitpunkt nach Ansicht des Beraters beispielsweise eine bestimmte Aktie aller Voraussicht nach hohe Kursgewinne und treten diese, nachdem Sie solche Papiere gekauft haben, nicht ein, so haftet der Berater nicht, wenn er Sie vorher grundlegend über die allgemeinen Kursrisiken einer Aktienanlage aufgeklärt hat. Sinkt nicht nur der Kurs, sondern geht die als aussichtsreiche Unternehmensbeteiligung angepriesene Aktiengesellschaft pleite, wäre dagegen wiederum zu klären, ob Ihr Anlageberater seine Empfehlung auch wirklich sorgfältig genug überprüft hat oder ob ein Verstoß gegen die Verhaltensregeln des Wertpapierhandelsgesetzes bzw. die Rechtsprechungsgrundsätze zur Beratungshaftung vorliegt.

! ACHTUNG

Kein Schadenersatz bei hohen Nebenkosten

Anlageberater sind nicht verpflichtet, Ihnen immer die günstigste Anlageform anzubieten. Damit besteht keine Haftung des Beraters, wenn Konkurrenzprodukte mit niedrigeren Gebühren oder Nebenkosten verbunden sind. Schadenersatzansprüche können hier allenfalls geltend gemacht werden, wenn das verkaufte Produkt fälschlicherweise als das beste Angebot am Markt dargestellt wird.

Prospekthaftung

Die Prospekthaftung richtet sich nicht gegen den Berater, der Ihnen womöglich eine unseriöse Geldanlage aufgeschwatzt hat, sondern gegen den Anbieter der Anlage selbst. Wenn eine neue Kapitalanlage auf den Markt gebracht wird – beispielsweise eine Aktie, eine Anleihe, ein Anlagezertifikat, ein Investmentfonds oder ein geschlossener Fonds –, dann muss der Herausgeber den interessierten Anlegern einen Emissions- oder Verkaufsprospekt zur Verfügung stellen. Je nach Art der Kapitalanlage kann die Prospekthaftung auf unterschiedlichen gesetzlichen Fundamenten beruhen.

→ **Börsengang.** Hier ist die Prospekthaftung nach dem Börsengesetz maßgebend. Bei börsennotierten Aktien muss der Verkaufsprospekt nach bestimmten Kriterien aufgebaut sein. So müssen unter anderem das Unternehmen, seine Finanzlage und seine Struktur wahrheitsgetreu beschrieben werden. Außerdem mussen die an der Emission beteiligten Banken, Wirtschaftsprüfer und weitere Dienstleister konkret benannt werden. Allerdings greift beim Aktienerwerb die Prospekthaftung nur, wenn die Aktie innerhalb von sechs Monaten nach dem Börsengang gekauft wurde. Danach kann keine Haftung aus der fehlerhaften Darstellung von Fakten im Prospekt beansprucht werden.

→ **Geschlossene Fonds.** Hier resultiert die Prospekthaftung aus einer Reihe höchstrichterlicher Urteile, die zumeist auf Basis der Informationspflichten nach dem Bürgerlichen Gesetzbuch (BGB) getroffen wurden. Auch hier gilt sinngemäß die Verpflichtung, dass die Angaben im Pro-

spekt der Wahrheit entsprechen und die Risiken verständlich dargestellt werden müssen.
Im Unterschied zur Haftung nach dem Börsengesetz gilt der Grundsatz, dass Ansprüche auch später als sechs Monate nach dem Abschluss der Anlage geltend gemacht werden können – nämlich bis zu drei Jahre nach dem Eintritt in das Beteiligungsmodell. Allerdings muss innerhalb von sechs Monaten nach dem Erkennen des Prospektmangels der Anspruch geltend gemacht werden, sonst tritt die Verjährung ein.

In der Praxis ist es jedoch oftmals schwierig, Schadenersatz aus der Prospekthaftung auch wirklich durchzusetzen. Der Prospektmangel muss entweder grob fahrlässig oder sogar vorsätzlich herbeigeführt worden sein, damit der Initiator der Kapitalanlage festgenagelt werden kann. Missverständlich auslegbare Formulierungen müssen hingegen nicht zwangsläufig einen Regressanspruch nach sich ziehen.

Ein weiteres Problem liegt darin, dass der Anspruch zwar geltend gemacht werden kann – aber das Unternehmen längst pleite ist. In diesem Fall würde Ihnen auch ein höchstrichterlich bestätigter Vollstreckungsbescheid wenig nützen, wenn sich die Initiatoren mit Ihrem Geld schon in eine Schwarzgeldoase abgesetzt haben.

Beratungsprotokoll und Produktinformationsblatt

Berechtigte Schadenersatzansprüche wegen Falschberatung konnten in der Vergangenheit häufig nicht durchgesetzt werden, weil es nicht möglich war, Beratungsfehler nachzuweisen. Das geltende Recht besagt, dass der Kunde die Falschberatung nachweisen muss. Hat er aber die Beratung nicht schriftlich dokumentiert und fehlen ihm Zeugen, ist dies kaum möglich.

§ GESETZLICHE GRUNDLAGEN

Welche Informationen das Beratungsprotokoll enthalten muss

Im Beratungsprotokoll muss der Berater die folgenden Daten und Sachverhalte dokumentieren:

- Anlass und Dauer der Beratung,
- eine Einschätzung der persönlichen Situation und der individuellen Anliegen des Kunden,
- Angaben über die im Gespräch erwähnten Finanzinstrumente und Wertpapierdienstleistungen,
- die Empfehlungen, die am Ende ausgesprochen wurden und die hierfür maßgeblichen Gründe.

→ **TIPP Beratungsprotokoll nicht unterschreiben!**
Lassen Sie sich nicht dazu überreden, ein Beratungsprotokoll zu unterzeichnen. Das Gesetz sieht nämlich nicht vor, dass der Kunde das Protokoll unterschreibt. Eine gegebenenfalls von Ihnen geleistete Unterschrift könnte bei einer gerichtlichen Auseinandersetzung wegen Falschberatung so interpretiert werden, dass Sie den Protokollinhalt vollständig anerkannt haben. Die Durchsetzung von Schadenersatzansprüchen wäre dann kaum noch möglich.

Der Forderung der Verbraucherschützer nach einer Beweislastumkehr zulasten der Banken ist der Gesetzgeber leider nicht vollständig nachgekommen. Stattdessen ist mittlerweile nur bei Wertpapierberatungen, nicht jedoch bei anderen Beratungen wie etwa zu Sparbriefen oder auch unternehmerischen Beteiligungen das Führen eines Beratungsprotokolls für Anlageberater gesetzlich vorgeschrieben, damit die Beweissicherheit erhöht wird.

Das vom Berater unterschriebene Protokoll muss dem Kunden bei einer Beratung vor Ort noch vor Abschluss eines Vertrags ausgehändigt werden. Sie sollten das Protokoll unbedingt sorgfältig durchlesen und bei Unstimmigkeiten den Berater zu einer Berichtigung des Protokolls auffordern. Die Unterschrift des Beraters ist verpflichtend.

Bei Fachchinesisch: unbedingt nachfragen
Barbara Sternberger-Frey, Expertin für Finanzdienstleistungen in Pulheim, kritisiert die mangelnde Verständlichkeit von vielen Produktinformationsblättern: „Anbieter verwenden häufig Fachbegriffe und Abkürzungen, die dem Normalbürger nicht verständlich sind. Scheuen Sie sich daher nicht, gezielt nachzufragen, wenn Ihnen bestimmte Formulierungen unklar sind. Und seien Sie sich stets darüber im Klaren, dass die Beipackzettel zwar kompakte Informationen zur angebotenen Kapitalanlage liefern, aber weder eine fundierte Beratung noch einen kritischen Produktvergleich ersetzen können."

Grundsätzlich verjähren Ansprüche aus Beratungsfehlern drei Jahre, nachdem der Anleger von seinem Schaden erfahren hat. Bei Unkenntnis über den Schaden erlischt der Anspruch spätestens nach zehn Jahren.

Ab Januar 2018 soll das Beratungsprotokoll durch eine sogenannte – Achtung, Behördendeutsch! – Geeignetheitserklärung ersetzt werden. Mit dieser Änderung will die

Bundesregierung die Vorgaben der europäischen Finanzmarktrichtlinie Mifid II in deutsches Recht umsetzen. In der Erklärung soll der Berater begründen, weshalb er dem Anleger ein bestimmtes Finanzprodukt empfohlen hat. Eine protokollarische Aufzeichnung des Gesprächsverlaufs ist dann nicht mehr vorgeschrieben. Noch ist allerdings unklar, wie die Geeignetheitserklärung konkret aussehen soll und ob sie im Vergleich zum Beratungsprotokoll dem Anleger mehr Transparenz und Sicherheit bieten wird.

Zusätzlich zum Beratungsprotokoll müssen Banken ihren Kunden im Rahmen der Beratung ein Produktinformationsblatt – landläufig auch „Beipackzettel" genannt – aushändigen. Allerdings besteht auch hier die Pflicht nur bei Wertpapieranlagen wie Aktien, Schuldverschreibungen, Zertifikaten oder Investmentfonds. Für Spareinlagen müssen Banken kein Produktinformationsblatt herausgeben. Bei Investmentfonds muss die Information aus zwei Seiten bestehen, in denen die Anlagepolitik, das Risiko- und Ertragsprofil, die bisherige Wertentwicklung, verschiedene Wertentwicklungs-Szenarien sowie die Nebenkosten dargestellt werden. Manche Geldinstitute stellen auf freiwilliger Basis ihren Kunden auch Produktinformationsblätter zu Sparprodukten wie Tagesgeld- und Festgeldkonten oder Sparbriefen zur Verfügung.

→ **TIPP Checkliste der Verbraucherzentrale zur Vorbereitung nutzen**

Mithilfe der Checkliste ab Seite 191 können Sie sich als Anleger auf das Beratungsgespräch vorbereiten und sicherstellen, dass der Berater die Zielsetzung Ihrer Anlagewünsche gleich zu Beginn erhält. Damit reduzieren Sie das Risiko, dass das Gespräch vom Berater in eine Richtung manipuliert wird, die von Ihren ursprünglichen Vorstellungen abweicht und stattdessen in das auf der Verkaufsliste ganz oben stehende Produkt mündet.

verbraucherzentrale

Checkliste: Geldanlageberatung

Bitte füllen Sie die Checkliste vor dem Termin aus. Die Beraterin/der Berater wird diese Angaben, die nur Sie geben können, im Gespräch benötigen. Ihnen hilft die Checkliste, sich selbst im Vorfeld Klarheit über Ihre finanzielle Situation zu verschaffen. Falls Sie eine Antwort gerade nicht wissen, können Sie jetzt noch zu Hause in Ihren Unterlagen nachschauen. Im Termin ist dies oft nicht mehr möglich.
Sie können diese Checkliste online ausfüllen und ausdrucken.

1. Ziel des Gesprächs

Welches Ziel verfolgen Sie mit der Geldanlage?

- ☐ Bildung einer Rücklage
- ☐ Erwerb von Wohneigentum
- ☐ Sicherung der Altersvorsorge
- ☐ Finanzierung einer größeren Investition (*Auto, Ausbildung der Kinder oder Ähnliches*) ________________
- ☐ Sonstiges Ziel: ________________

Wie wollen Sie sparen?

- ☐ Einmaliger Anlagebetrag in Höhe von ________ €
- ☐ Geplante monatliche Sparrate in Höhe von ________ €
- ☐ ________________ €

Weitere Angaben zum Ziel:

Wann wollen Sie das Ziel erreicht haben? ________

Welchen Betrag benötigen Sie? ________ €

Haben Sie zusätzlich zu der aktuell geplanten Geldanlage schon etwas für dieses konkrete Ziel gespart? ☐ Ja, und zwar ____ € ☐ Nein

2. Finanzielle Rahmenbedingungen

Monatliche Einnahmen und Ausgaben

Nettoeinkommen (*ohne Sonderzahlungen*)
Verbraucher/in ________
Ehe-/Lebenspartner/in ________
Sonstiges Einkommen ________

Ausgaben für Wohnung/Haus ________
Lebenshaltungskosten ________
Spar- und Versicherungsbeiträge ________
Unterhalt und Kredite ________
Sonstige Ausgaben ________

Freie monatliche Liquidität
(*Einnahmen abzüglich Ausgaben*) ________

verbraucherzentrale

Vermögen und Verbindlichkeiten

Kurzfristig verfügbares Vermögen ____________
Sparkonten ____________
Wertpapiere ____________
Immobilien ____________
Rückkaufswert von kapitalbildenden Versicherungen ____________
Sonstiges Vermögen ____________

Verbindlichkeiten ____________
Laufzeit(en) ____________
Laufzeit(en) ____________
Sondertilgung(en) möglich
(*ist oft finanziell vorteilhaft*) ☐ Ja, und zwar ________ € ☐ Nein
Bemerkung ____________

3. Absicherung existenzbedrohender Risiken

Besitzen Sie folgende Absicherungen gegen existenzbedrohende Risiken?

	Ja	Nein	Bemerkungen / Höhe
Privathaftpflicht	☐	☐	________
Berufshaftpflicht (*falls erforderlich*)	☐	☐	________
Krankenversicherung	☐	☐	________
Berufsunfähigkeitsversicherung	☐	☐	________
Risikolebensversicherung (*bei Familien*)	☐	☐	________

Existieren weitere Risiken, die in Ihrer individuellen Situation existenzbedrohend sind und die Sie daher abgesichert haben? Dies können zum Beispiel eine (Kinder-)Unfallversicherung oder (bei Selbständigen) eine Praxisausfallversicherung sein.

____
____

4. Erfahrungen und Präferenzen im Bereich Geldanlage

Eine sichere Geldanlage mit hoher Renditechance und schneller Verfügbarkeit gibt es nicht. Wenn Ihnen eines der drei Ziele besonders wichtig ist, vermerken Sie es hier.

☐ Eine sichere Geldanlage ist mir besonders wichtig.
☐ Eine hohe Renditechance ist mir besonders wichtig.
☐ Eine schnelle Verfügbarkeit ist mir besonders wichtig.

☐ Mir sind folgende zwei Ziele besonders wichtig:
Schnelle Verfügbarkeit und ____________
(Hinweis: Sichere Geldanlage und hohe Renditechance ist ein Zielkonflikt, daher funktioniert diese Kombination keinesfalls).

☐ Kein Ziel ist für mich im Vergleich zu den beiden anderen Zielen von besonders herausragender Bedeutung.

verbraucherzentrale

Wie schnell möchten Sie über den Anlagebetrag verfügen können?

- ☐ Der Anlagebetrag soll jederzeit verfügbar sein.
- ☐ Der Anlagebetrag soll mit einer Kündigungsfrist von ___ Monaten verfügbar sein.
- ☐ Der Anlagebetrag soll ohne Kündigung verfügbar sein nach ___ Monaten / Jahren.
- ☐ Der Anlagebetrag muss während des Anlage- bzw. Ansparzeitraumes nicht vorzeitig verfügbar sein.
- ☐ Sonstiges: ______________________________

Wie sicher soll Ihr Geld angelegt werden?

- ☐ Die Rückzahlung des vollen Anlagebetrages bzw. des Ansparguthabens muss in jeder Phase gesichert sein.
- ☐ Die Rückzahlung des vollen Anlagebetrags bzw. Ansparguthabens muss zum Laufzeitende gesichert sein. Nur bei einer vorzeitigen Verfügung werden Verluste akzeptiert. Diese sollen allerdings einen Anteil von ___ Prozent des Anlagekapitals nicht überschreiten.
- ☐ Im Hinblick auf bessere Ertragsmöglichkeiten renditeorientierter Anlageformen wird ein höheres Risiko akzeptiert. Verluste am Laufzeitende oder beim vorzeitigen Verkauf werden akzeptiert. Diese Verluste sollen allerdings einen Anteil von ___ Prozent des Anlagekapitals nicht überschreiten.
- ☐ Sonstiges: ______________________________

Welche Art der Verzinsung bzw. Ausschüttung der Erträge wünschen Sie?

- ☐ Die Erträge sollen regelmäßig ausgezahlt werden.
- ☐ Die Erträge sollen automatisch wieder angelegt und zum Ende der Anlagedauer in einer Summe ausgezahlt werden.
- ☐ Sonstiges: ______________________________

Wie sicher sollen die Zinsen bzw. Erträge aus Ihrer Anlage sein?

- ☐ Die Höhe der Erträge soll über die gesamte Laufzeit feststehen.
- ☐ Die Höhe der Erträge kann sich über die gesamte Laufzeit variabel verändern.
- ☐ Im Hinblick auf bessere Ertragsmöglichkeiten wird das Risiko akzeptiert, in ungünstigen Marktphasen keine Erträge zu realisieren.
- ☐ Sonstiges: ______________________________

verbraucherzentrale

Mit welchen Geldanlagen haben Sie bisher Erfahrungen gemacht? Erfahrung bedeutet, dass Sie mehrfach solche Geldanlagen gekauft haben und über Chancen und Risiken informiert sind.

- ☐ Einlagengesicherte Anlagen (zum Beispiel Tages-, Termin-, Festgeld, Sparbuch, Sparbrief, Sparpläne mit Zinsstaffel/Prämie, Bausparverträge und andere)
- ☐ Festverzinsliche Wertpapiere (zum Beispiel Bundeswertpapiere, Unternehmensanleihen, Länderanleihen, Fremdwährungsanleihen und andere)
- ☐ Fonds
  - ☐ Geldmarktfonds
  - ☐ Rentenfonds
  - ☐ Aktienfonds
  - ☐ Offene Immobilienfonds
  - ☐ Mischfonds
  - ☐ Indexfonds (ETFs)
- ☐ Aktien
- ☐ Zertifikate
- ☐ Unternehmerische Beteiligungen (zum Beispiel Schiffsbeteiligungen, geschlossene Immobilienfonds)
- ☐ Sonstiges: ______________________________

In welche Anlageformen möchten Sie in Zukunft nicht mehr investieren, auch wenn Sie bereits über Erfahrungen damit verfügen?

____

____

____

Gibt es Anlageformen, über die Sie sich im Gespräch besonders informieren möchten?

____

____

____

Gibt es weitere Prioritäten – neben Sicherheit, Renditechance und Liquidität –, die bei der Auswahl der Anlageform(en) berücksichtigt werden sollen?

- ☐ Ethische, soziale und/oder ökologische Aspekte
- ☐ Steuerliche Fördermöglichkeiten
- ☐ Sonstiges: ______________________________

verbraucherzentrale

Diese Checkliste ist von der Verbraucherin/dem Verbraucher:

Vor- und Nachname ____________________
Anschrift ____________________
Telefon ____________________
E-Mail-Adresse ____________________
Geburtsdatum ____________________
Beruf ____________________
☐ Angestellte/r ☐ Selbständige/r
Familienstand ____________________
Kinder ☐ Ja, Anzahl: ___ ☐ Nein

Die Checkliste wurde ausgefüllt am ____________ und wird eingesetzt beim Beratungsgespräch bei ____________________ am ____________

Anhang

Adressen

→

ADRESSEN DER VERBRAUCHERZENTRALEN

Verbraucherzentrale Baden-Württemberg e.V.
Paulinenstraße 47
70178 Stuttgart
Telefon: 07 11/ 66 91-10
Fax: 07 11/66 91-50
www.vz-bawue.de

Verbraucherzentrale Bayern e.V.
Mozartstraße 9
80336 München
Telefon: 0 89/5 39 87-0
Fax: 0 89/53 75 53
www.vz-bayern.de

Verbraucherzentrale Berlin e. V.
Hardenbergplatz 2
10623 Berlin
Telefon: 0 30/2 14 85-0
Fax: 0 30/2 11 72 01
www.verbraucherzentrale-berlin.de

Verbraucherzentrale Brandenburg e. V.
Babelsberger Straße 12
14473 Potsdam
Telefon: 03 31/2 98 71-0
Fax: 03 31/2 98 71-77
www.vzb.de

Verbraucherzentrale Bremen e. V.
Altenweg 4
28195 Bremen
Telefon: 04 21/1 60 77-7
Fax: 04 21/1 60 77 80
www.verbraucherzentrale-bremen.de

Verbraucherzentrale Hamburg e. V.
Kirchenallee 22
20099 Hamburg
Telefon: 0 40/2 48 32-0
Fax: 0 40/2 48 32-290
www.vzhh.de

Verbraucherzentrale Hessen e. V.
Große Friedberger Straße 13–17
60313 Frankfurt/Main
Telefon: 0 69/97 20 10-900
Fax: 0 69/97 20 10-40
www.verbraucher.de

Verbraucherzentrale Mecklenburg-Vorpommern e. V.
Strandstraße 98
18055 Rostock
Telefon: 03 81/2 08 70-50
Fax: 03 81/2 08 70-30
www.verbraucherzentrale-mv.eu

Verbraucherzentrale Niedersachsen e. V.
Herrenstraße 14
30159 Hannover
Telefon: 05 11/9 11 96-0
Fax: 05 11/9 11 96-10
www.vz-niedersachsen.de

Verbraucherzentrale Nordrhein-Westfalen e. V.
Mintropstraße 27
40215 Düsseldorf
Telefon: 02 11/38 09-0
Fax: 02 11/38 09-216
www.verbraucherzentrale.nrw

Verbraucherzentrale Rheinland-Pfalz e. V.
Seppel-Glückert-Passage 10
55116 Mainz
Telefon: 0 61 31/28 48-0
Fax: 0 61 31/28 48-66
www.vz-rlp.de

Verbraucherzentrale des Saarlandes e. V.
Trierer Straße 22
66111 Saarbrücken
Telefon: 06 81/5 00 89-0
Fax: 06 81/5 00 89-22
www.vz-saar.de

Verbraucherzentrale Sachsen e. V.
Katharinenstraße 17
04109 Leipzig
Telefon: 03 41/69 62 90
Fax: 03 41/6 89 28 26
www.vzs.de

Verbraucherzentrale Sachsen-Anhalt e. V.
Steinbockgasse 1
06108 Halle
Telefon: 03 45/2 98 03-29
Fax: 03 45/2 98 03-26
www.vzsa.de

Verbraucherzentrale Schleswig-Holstein e. V.
Andreas-Gayk-Straße 15
24103 Kiel
Telefon: 04 31/5 90 99-0
Fax: 04 31/5 90 99-77
www.vzsh.de

Verbraucherzentrale Thüringen e. V.
Eugen-Richter-Straße 45
99085 Erfurt
Telefon: 03 61/5 55 14-0
Fax: 03 61/5 55 14-40
www.vzth.de

Verbraucherzentrale Bundesverband e. V.
Markgrafenstraße 66
10969 Berlin
Telefon: 0 30/2 58 00-0
Fax: 0 30/2 58 00-518
www.vzbv.de

Stichwortverzeichnis

A

B

W

Z

Bildnachweis

fotolia
Seite 39: Stockfotos-MG
Seite 81: Zerbor
Seite 103: Björn Wylezich
Seite 127: psdesign1
Seite 178: Gina Sanders

iStock
Seite 17: Geber86
Seite 19: Polifoto
Seite 21: Photobuay
Seite 42: Yuri_Arcurs
Seite 49: seb_ra
Seite 55: Rob Daly
Seite 77: shapecharge
Seite 92: agrobacter
Seite 115: Rawpixel
Seite 129: FooTToo
Seite 184: MarianVejcik

shutterstock
Seite 14: Brian A Jackson
Seite 27: Kinga
Seite 30: Rido
Seite 33: PORTRAIT IMAGES ASIA BY NONWARIT
Seite 34: ImYanis
Seite 45: Rawpixel.com
Seite 57: Rido
Seite 58: Brian A Jackson
Seite 61: goodluz
Seite 67: ronstik
Seite 70: beeboys
Seite 72: Halfpoint
Seite 75: Kzenon
Seite 83: create jobs 51
Seite 86: YURALAITS ALBERT
Seite 89: Rawpixel.com
Seite 90: Rido
Seite 95: isak55
Seite 98: Rido
Seite 107: allstars
Seite 119: Roman Babakin
Seite 120: ldutko
Seite 122: Singkham
Seite 125: Federico Rostagno
Seite 134: Daniel Jedzura
Seite 136: David Martinez Kansy
Seite 141: YAKOBCHUK VIACHESLAV
Seite 142: tomertu
Seite 150: sss615
Seite 155: racorn
Seite 156: ImYanis
Seite 165: Stock-Asso
Seite 167: Mclek
Seite 169: Lisa S.
Seite 171: racorn
Seite 172: beeboys
Seite 174: Muangsatun
Seite 177: David Pereiras
Seite 181: Onur Kocamaz
Seite 187: thodonal88

Umschlagfoto
© SelenaRus – iStock

Expertenfotos
Matthias Bachmann: Steinert Steuerberatungsgesellschaft mbH, Hagen
Ulrike Brendel: Verbraucherzentrale Bremen, Fotograf: Focke Strangmann
Markus Feck: Verbraucherzentrale NRW
Andreas Gernt: Verbraucherzentrale Niedersachsen
Thomas Hentschel: Verbraucherzentrale NRW
Ralf Nomrosky: Fotostudio Diana, Düsseldorf
Barbara Sternberger-Frey: Karena Pallgen, Pulheim
Elke Weidenbach: Verbraucherzentrale NRW

Im Interesse der Lesbarkeit verzichten wir darauf, in jedem Fall explizit die weibliche und die männliche Form einer Bezeichnung zu verwenden, und benutzen nur das sogenannte generische Maskulinum, das heißt den verallgemeinernden, grammatikalisch männlichen Begriff. Er umfasst, ohne jegliche Diskriminierung, beide Geschlechter.

---

1. Auflage, Mai 2017

ISBN 978-3-86336-081-8
Printed in Germany

Impressum

Herausgeber
Verbraucherzentrale
Nordrhein-Westfalen e. V.
Mintropstraße 27, 40215 Düsseldorf
Telefon: 02 11/38 09-555
Telefax: 02 11/38 09-235
ratgeber@verbraucherzentrale.nrw
www.verbraucherzentrale.nrw

Mitherausgeber
Verbraucherzentrale
Baden-Württemberg e. V.
Verbraucherzentrale Hamburg e. V.
(Adressen → Seite 198)

Text
Thomas Hammer, Ötisheim

Lektorat
Dr. Doris Mendlewitsch, Düsseldorf
www.mendlewitsch.de

Fachliche Betreuung
Barbara Rück

Koordination
Wolfgang Starke

Gestaltungskonzept
Lichten Kommunikation und Gestaltung, Hamburg
www.lichten.com

Layout und Satz
Dagmar Herrmann
für two-up, Düsseldorf
www.two-up.de

Umschlaggestaltung
Ute Lübbeke, Köln
www.LNT-design.de

Druck
Westermann Druck Zwickau GmbH

Gedruckt auf 100 % Recyclingpapier
Redaktionsschluss: April 2017

→

Die wichtigsten Vollmachten und Verfügungen, die jeder haben sollte, in einem praktischen Ratgeber.

Kurze Erklärtexte erläutern, wie die Dokumente zu erstellen sind. Der Praxisteil enthält alle notwendigen Formulare und Textbausteine. Damit lässt sich eine Verfügung bereits an einem Abend erstellen.

Das Vorsorge-Handbuch

Patientenverfügung, Vorsorgevollmacht, Betreuungsverfügung, Testament

184 Seiten | vierfarbig
12,90 Euro
ISBN 978-3-86336-082-5
2. Auflage

→

Dieser Ratgeber informiert, wann im Leben welche Versicherung sinnvoll ist.

Mehr als 2.000 Euro gibt jeder Deutsche pro Jahr im Durchschnitt für private Versicherungen aus. Eine Menge Geld fließt dabei auch in überflüssige Versicherungen oder Policen.

Richtig versichert

Wer braucht welche Versicherung?

184 Seiten | vierfarbig
16,90 Euro
ISBN 978-3-86336-068-9

verbraucherzentrale